U0619844

开儿童语言发展之谜

今井睦美 ……… 著

……… 黄　河 ……… 译

上海教育出版社
SHANGHAI EDUCATIONAL
PUBLISHING HOUSE

图书在版编目（CIP）数据

揭开儿童语言发展之谜 /（日）今井睦美著；黄河
译.—上海：上海教育出版社，2024.5
ISBN 978-7-5720-2516-7

Ⅰ.①揭… Ⅱ.①今… ②黄… Ⅲ.①儿童语言－语
言能力－教育研究Ⅳ.①H003

中国国家版本馆CIP数据核字(2024)第086945号

简体中文版由上海教育出版社取得授权独家出版。
上海市版权局著作权合同登记号 图字09-2024-0267号

责任编辑　毛　浩
封面设计　周　吉

揭开儿童语言发展之谜
[日] 今井睦美　著
黄　河　译

出版发行　上海教育出版社有限公司
官　　网　www.seph.com.cn
地　　址　上海市闵行区号景路159弄C座
邮　　编　201101
印　　刷　上海叶大印务发展有限公司
开　　本　787×1092　1/32　印张 8
字　　数　111千字
版　　次　2024年8月第1版
印　　次　2024年8月第1次印刷
书　　号　ISBN 978-7-5720-2516-7/H·0082
定　　价　48.00 元

如发现质量问题，读者可向本社调换　电话：021-64373213

前　言

对很多人来说，语言就像空气一样，像空气一样重要，又像空气一样无处不在。很少有人会思考语言对自己来说到底意味着什么，更不用说去思考自己是如何学会说话的。大多数人都学过英语，或者现在正被英语搞得焦头烂额。大家应该很想知道怎么学习外语，才可以让我们的外语像母语那样流畅吧？

学习外语到底是一个什么样的过程？英语和汉语一样，都把动词放在主语和宾语之间①；第三人

①　例如英语句子 I eat a cake 对应的汉语是"我吃一块蛋糕"。这里汉语的语序和英语的是一致的，都是"主语（I／我）＋动词（eat／吃）＋宾语（a cake／一块蛋糕）"。如果是日语的话，语序就不一样了，会把动词置于主语和宾语之后，上面这句话对应的日语是"私はケーキを食べます"，它的语序是"主语（私／我）＋宾语（ケーキ／蛋糕）＋动词（食べます／吃）"。——译者注

称 ① 做主语且是单数的时候，动词必须加上 -s 这样的词尾 ②，这是英语重要的语法规则。

想要看懂、听懂英语，用英语自如地表达，就必须记住大量单词。这么想的朋友们是对的，所以我们在学习外语时一定会学习语法，并记忆大量单词和固定搭配。

可是，很多人记了大量的单词和固定搭配，还记了语法，甚至在阅读外文时将其翻译为日语，大家还是无法很好地用外语表达自己想要表达的意思。可见，学习外语不是做两种语言之间简单的置换。有这种感受的朋友想必不在少数吧。与之形成鲜明对比的是自己的母语——日语，大家能自如地使用日语。在什么场合使用什么词是合适的，什么词是不合适的，大家都很清楚。

---

① 除了第一人称（"我"）、第二人称（"你"）之外的人或事物叫第三人称。

② 也就是我们小时候学英语时常说的，当主语是"第三人称单数形式（三单式）"时，动词要加上表示人称的词尾 -s，例如，"他吃一块蛋糕"这句话的英文是"He eats a cake"。汉语并没有这种语法要求。——译者注

那么，我们为什么能够自如地使用日语呢？

儿童习得语言，并非为了在考试中获得好成绩，而是为了和他人顺畅地交流。儿童当然不会去查词典，去记忆单词，因为儿童看不懂词典上的文字，我们不可能像学外语一样教儿童学习语言。比如，你怎么让儿童理解"红"这个颜色词的意思？这大概会很难。很多人对儿童学习语言的方式存在误解，认为"儿童直接向大人学习词的意思，大人会纠正儿童的错误，儿童便知道了词的意思"。其实，儿童是靠自己去分析大人说的话，靠自己分析并理解这些话的意思的。

很多人还认为词的意思是需要记忆的，而且每个词和其他词是相互独立的。比如，有人认为只要将不同种类的汽车和"kuruma"① 这个读音关联起来，人自动地就会理解"汽车"这个词的意思；或者认为只要知道红色的花、红色的衬衫、红色铅笔与"aka"② 这个读音的关联，人就理解了"红色"这个词的意思。不少人可能

———————————

①② 此处均为日语读音。——译者注

都有这种看法吧。读完这本书大家就会知道，这是一种误解。

婴幼儿习得自己的母语和我们长大后学习外语是不同的①。遗憾的是，没有人能够清晰地记得自己究竟是如何习得母语的。哪怕是带孩子的家长，也几乎没有人能清楚地记得自己的孩子是如何习得语言的。追溯儿童语言的发展过程可以告诉我们儿童习得语言、理解语义需要经历什么样的过程，还能给成年人学习外语提供一些启发。

学习外语时我们学会一个词的意思和婴儿学会一个词的意思究竟有什么不同？知道这些知识对大家学习外语有很大的好处。大家如果想要变成外语高手的话，一定要读一下这本书，同时思考一下，不管是母语还是外语，熟练使用一种语言必须知道哪些知识。

有人可能会在这里有疑问。我们已经习得了自己的

① 正因为这种不同，学术界通常把婴幼儿学习母语的过程叫作"儿童语言习得"，使用"习得"这个词，而把成年人学习外语叫作"语言学习"。——译者注

母语，具备了母语的各种知识，在学习外语的时候，应该能够使用这些知识。我们对语言的总体面貌，或者说，语言究竟是什么样的一种东西，已经有了一定的印象。例如，我们听到说话声，哪怕是完全不懂的语言，这段声音能够被切分为一个个的词，每个词有各自的意思，按照某种规则把词和词组合为句子，这样产生的话语可以表达人的心情、知道的事情、脑子里想的事情。大家可以想象一下，如果我们不知道这些知识就去学外语会是什么样的情况。

可是，婴儿完全不具备这些知识就来到这个世界上，对语言这个东西的面貌一无所知。那婴儿又是如何习得语言的呢？成年人的语言知识远远多于婴幼儿，为什么在学习外语时却无法像儿童习得语言那样自如呢？这便是本书想要讨论的"语言发展之谜"。

从生活在妈妈肚子里，到流畅地说话，婴儿在这个过程中是如何习得语言的？婴儿习得的是语言的哪些要素？婴儿如何理解词义？"语言的发展"和"思维的发展"之间是什么样的关系？本书将基于一系列儿童语言实验，从认知心理学、认知科学的视角来回答这些问题。

儿童习得语言的过程会告诉我们很多东西。尽管笼统地说来，习得的对象就是语言而已，而语言是由语音、句法、语义等各种要素构成的。人们意识不到语言这个实体是由什么样的要素构成的。儿童从对语言一无所知的状态开始，到逐步习得语言，这个过程让我们重新思考"语言是什么"这个命题，同时，这也是理解语言结构的切入点。

婴幼儿是一张白纸，不具备后天知识，成年人必须在一旁帮助他们，如果没有成年人教给他们各种东西，他们什么也学不会。大概很多朋友都持有这种想法。儿童在习得语言的过程中会犯很多错误。孩子们说错话的样子十分可爱，但是也有妈妈会觉得："啊，我家孩子连这个都说错，真是个笨蛋呀！"其实孩子说错话并不是什么大不了的事情。孩子说话产生偏误，说明他们具有极大的创造力。本书会进一步介绍很多例子让大家理解这一点。

　　儿童在习得语言的同时，思维能力也在发育，智力得到长足的发展。这个过程会让我们体会到人类强大的学习能力。

　　从今天开始，我希望大家在引导孩子的同时，重新理解语言的性质和结构。希望大家能思考一个问题：对我们人类来说，语言究竟是什么样的一种存在。

目录

前　言　/001

第一章　"啊，我想要牛奶！"

　　——词的发现　/001

1　语言习得在妈妈肚子里就开始了　/001

2　从人们的说话声中识别"词"　/010

第二章　海伦·凯勒的奇迹：

打开语言世界之门　/023

1　对语言的观察　/023

2　婴儿的一根筋脑瓜　/029

3　发现语言的结构　/042

第三章　牙齿"踩到"嘴唇了
——推测动词的词义　/061

1　动作也有名称——意识到动词和名词的差异　/061

2　ageru、morau、kureru——动词词义的复杂性　/071

3　"用脚扔"——动词词义一般化的问题　/090

第四章　血压很"便宜"
——形容词、颜色词、方位词的习得　/105

1　物体性质的名称　/105

2　颜色的名称　/120

3　表示位置关系的词　/129

4　小结——不明白整体的面貌就学不会词义　/144

第五章　解开语言发展之谜
——发现、创造和修正　/147

1　语言发展的困境　/150

2　发现　/153

3　创造　/157

4　修正　/171

5　如果系统是事先就建立好的——学习外语　/178

第六章　用语言来思考　/189

1　用语言理解新概念　/190

2　构建知识体系　/193

3　词汇创造新概念　/201

4　习得语言是科学思考的基础　/208

第七章　写给读者的话　/220

本书参考文献和推荐给读者的文献　/228

译后记　/237

第一章
"啊，我想要牛奶！"——词的发现

　　大家在电视和广播中听到完全不懂的语言时，会不知道这段语流该如何切分，从哪里到哪里算是一个词。对婴儿来讲，也是同样的状况。不！应该说状况更糟。那么，婴儿在这种情况下又是如何察觉"词"这个单位的？为了察觉"词"这个单位，婴儿需要哪些知识呢？

1　语言习得在妈妈肚子里就开始了

　　婴儿是什么时候开始习得母语的呢？"习得母语"是一个模糊的说法，可能没有明确的答案。为了学会母语，婴儿需要学习母语的语音、语义、语法等各种要素。其中，婴儿最早习得的是韵律和语调。要问婴儿是什么时候开始学习的，答案是，胎儿在妈妈肚子里便开始了。胎儿在羊水的包围中听不清外界到底在说什么，可是，胎儿可以感受到声音的高低变化，就像"哒哒哒、哒哒～（拖长音节）、哒哒哒哒、哒哒（戛然而止）"这样的节奏可以在羊水中传播。即便还在羊水中，胎儿就已经开始做自己能做的事情了。

刚出生的婴儿其实可以分辨一门语言是不是自己的母语。给日语环境中的婴儿听英语或汉语，婴儿能够立刻感受到听到的不是自己熟悉的语言，因为英语、汉语和日语的语调和韵律模式有着很大的不同。如果将日语对话的录音倒着播放，韵律和语调模式将会和正常的日语有很大的差别，刚出生的婴儿也能察觉这种差异。如果给刚出生的婴儿听正常的日语录音以及倒着播放的日语录音，婴儿对正常的日语会产生更强的反应，会更想听这种语音。

（1）she 和 see——因语言而异的语音单位

婴儿为了从语流中切分出词，并将词的读音储存

在记忆中，需要事先学习一项重要的技能，那就是识别语音的基本单位。当我们说出一个词的时候，实际上我们的发音器官做了各种各样的动作：声带一会儿振动，一会儿又不振动；嘴巴一会儿打开，一会儿又合拢；舌头一会儿缩回来，一会儿向上抬起抵住上齿背，一会儿又抵住硬腭[①]。这些发音动作可以调节从喉

[①] 通俗地讲，"硬腭"（hard palate）指的是口腔中坚硬的"天花板"。如果你用手指伸入口腔敲击上部，便可以触碰到这一硬邦邦的部位。——译者注

部进入口腔、鼻腔的气流，有时阻碍气流，甚至完全阻断气流的通过，当然也可以使气流自由地流出。作为一个整体，语音是由发音器官连续不断的动作产生的。不过，由这些发音动作产生的音并不是语音单位，而是要先成为一种叫作"音位"的单位。音位是语音系统的基本单位。那么，我们是如何确定音位这个单位的呢？一言以蔽之，要看"某个音替换为别的音时是否会产生一个不同的词"。

不管两个音再怎么相似，只要有一点点差异，就会产生意思完全不同的词。这种情况十分常见，例如日语中 sakana（鱼）、takana（高梨）是两个不同的词，它们的不同仅仅在于第一个辅音，因此 s 和 t 是不同的音位 ①。

接下来看一下日语中的"刺身"（sasimi）这个词中

---

① 再来看个汉语的例子。"爸"和"怕"两个词只是开头的辅音不同，分别为 p 和 p^h（国际音标），分别对应于汉语拼音的 b 和 p。它们是意思完全不同的两个词。因此，在汉语普通话中 p 和 p^h 是不同的两个音位。——译者注

的两个 s。大家像 sa、si、mi 这样慢慢读出这个词，在说 sa 和 si 的时候注意两个 s 有何不同：在说 sa 时，s 接近于英语词 see 开头的辅音，而在说 si 时，s 接近于英语词 she 的辅音①。

　　英语中 see（看见）和 she（她）是完全不同的词，两个词的语音差异仅仅在于开头的辅音。如果将两个辅音的发音分别用国际音标表示，see 的辅音是［s］，she 的辅音是［ʃ］。实际上，两个音的发音部位有很大的差异，在发前一个音的时候舌尖抵上齿龈，而发后一个音时，舌尖比之前的发音部位靠后，且嘴唇稍圆。这两个

---

①　类似的例子如英语中的词 "spring"，让我们关注其中第二个字母 p 的发音。中国人读这个词的时候，有人读为［sprɪŋ］，即字母 p 读如普通话 "爸" 的声母；有人读为［spʰrɪŋ］，即字母 p 读如普通话 "怕" 的声母。两种读音在英美人士听来，都是 "春天" 的意思，是同一个词，只是会觉得前一种读音更加地道，而后一种读音不甚标准。因此，p 和 pʰ 的不同在英语中并未造成不同的词，因此在英语中是同一个音位。而通过 "爸" 和 "怕" 的例子，我们已经知道 p 和 pʰ 在汉语普通话中是两个不同的音位。同样是 p 和 pʰ，在汉语中可以以此区别不同的词，在英语中则不可以。——译者注

音在英语中构成了 see（看见）和 she（她）、sin（原罪）和 shin（胫骨）等不同的词。因此，在英语中［s］和［ʃ］是不同的音位。

日语中［s］和［ʃ］是同一个音位，和英语不同，无法产生意思不同的词。这是因为日语中的 sa、su、se、so 中的 s 必定是与 see 第一个辅音相同的［s］，而只有 si 中的 s 是与英语 she 第一个辅音相同的［ʃ］。因此，［s］和［ʃ］在英语中是不同的音位，在日语中是同一个音位 /s/，其中［ʃ］是 /s/ 这个音位的变体①。

（2）无法听出 race 和 lace 的区别的原因——范畴感知

英语中 r 和 l 是两个不同的音位，但是在日语中二者是没有区别的，这一点经常被人拿来揶揄日本人。在发英语的［l］时，舌尖抵住齿龈以阻塞气流，气流从两侧流出；在发［r］时，舌尖只是接近齿龈，而不接触。

---

① 语言学中，通常我们把具体的音写在［　］中，把音位写在 / / 中。——译者注

英语中的 l 和 r 是区别词义的两个音位，如 race（赛跑）和 lace（蕾丝），而日语中两个词均记作 rēsu，是同一音位的两个不同变体。

不过，日语假名 ra、ri、ru、re、ro 的辅音和英语的 [l] 和 [r] 都不同，是舌尖在一瞬间接触齿龈迅速离开而发出的。英语中的 [l] 和 [r] 都是日语中没有的音，但是因为和日语的 [ɾ] 接近，所以它们都被归为同一个音位范畴中。

所谓音位，指的是某种特定语言中构成词的语音单位，是具有相近的物理属性的音构成的范畴。此处第一次出现了"范畴"这个术语。这个术语实际上是本书中最重要的关键词之一。它为什么重要，容我在之后的内容中慢慢道来。"范畴"暂且定义为"相似事物的集合"。

例如"狗"这个范畴包含了各种各样品种的狗，而且狗这个范畴可以和猫、兔子、羊等范畴进行对比。"狗"这个范畴中有体型、大小、颜色等各有差异的狗。此时，我们无视了不同狗的内部差异，而是聚焦于

"狗"这种动物和其他动物的不同。

　　"音位"范畴也是一样的。受舌头等发音器官控制可以产生各种各样的声音。我们将这些声音归为不同的音位范畴，进一步成为音系单位。归入同一音位范畴的音是相似的，但物理上并不完全相同。日语的 sa 行音中，我们为什么没有意识到 si 的辅音和 sa、su、se、so 的辅音是不同的呢？别说没意识到了，很多人都感觉不出它们是不同的 ①。我们能够清楚地区分自己母语中差别不大的两个音位，却不太关注同一音位中的不同变体之间的差异。我们将这些音位变体视为同一个音，这构成了我们感知的基础。

（3）多大的婴儿可以习得音位范畴?

　　婴儿在什么时候能够习得自己母语的音位范畴

---

① 不少汉语方言中有 n 和 l 不分的现象，如南京话。这些方言中"南京""蓝鲸"是同音的，"牛奶""流奶"是同音的。这也是相同的原因，因为在这些方言中，n 和 l 属于同一个音位范畴，不少操这种方言的人甚至无法区分 n 和 l 的不同。——译者注

呢？直觉上讲，我们也许会认为婴儿比成人的注意力更差，最初只能粗略地关注一些明显的差异，长大后才开始注意更加细微的差异。可是，恰恰相反，实际上婴儿在出生时对语音的物理性质是十分敏感的。因为婴儿尚未形成音位范畴，所以可以敏锐地注意到不同音之间的差异，哪怕成年人会把这些音归为同一个音位范畴。

婴儿形成元音音位是在出生后 4 个月左右，辅音音位是 6 个月左右。元音的声音持续性较强、响度较大，所以习得时间比辅音更早。

日本成年人无法区分英语的 lace 和 race、she 和 see，出生后 10 个月左右的婴儿却能毫不费力地区分这些音。但是，1 岁左右的婴儿一旦习得自己母语中的音位范畴，从此便不再关注自己母语中属于同一音位范畴的变体差异。之前能够区分的声音就不再区分了。日本人不擅长区分 l 和 r 就是这个原因。

此外，婴儿会犯婴儿特有的发音错误，例如 "raion"（狮子）会说成 "daion"，ta 会发成 tia，se 会发成 sie

等 ①。这是由婴儿对发音器官的控制还不熟练造成的，并不是婴儿把 ta 听成了 tia，把 se 听成了 sie。

2　从人们的说话声中识别"词"

当看到标语"ココデハキモノヲヌイデクダサイ"的一瞬间，大部分日本人的断句是"ココデハ（在这里）キモノヲ（把和服）ヌイデクダサイ（请脱下）"。如果这条标语出现在温泉更衣处倒是没什么问题，如果出现在日式料理店的玄关，就显得十分奇怪。什么?!吃个饭还要脱衣服？不过稍稍思考一下，便会恍然大悟，原来是"ココデ（在此）ハキモノヲ（把鞋子）ヌイデクダサイ（请脱下）" ②。不过，我们稍作思考后，之所以会作出正确的断句，是因为大家知道"ココ"（这

---

① 中国儿童常见的汉语发音偏误有把"糕"说成"刀"等。——译者注

② 汉语也有类似的由切分不同带来的歧义，有的让人忍俊不禁，如"全国性教育研讨大会"等。——译者注

里）、"ハキモノ"（鞋子）、"キモノ"（和服）、"ヌグ"（脱下）这些词，而且对这些词的意思十分熟悉。不光是对这些实词，对"デ"（相当于汉语的"在……"）、"ヲ"（标记前面的词是宾语的助词）这些虚词也十分熟悉。除此之外，在公共浴室需要脱下衣物，在日式料理店不需要脱衣服，我们脑袋里也装着这些生活常识。

熟悉某种语言的人去读这种语言的文章，去听这种语言的对话，可以不假思索地识别其中的词，并对语流进行正确的切分。然后从记忆中提取词义，再去理解整篇文章的意思。知识和常识可以进一步帮助我们理解语义。如果一个句子的意思违反常识，我们在重新思考过后可以调整断句的方式。大家知道词的语音形式以及附着在语音形式上的词义，又具备关于世间万物的知识，因此可以正确地从语流中把词识别出来。

毫无疑问，婴儿做不来这种"高级的事情"。为了理解一段语音需要从听到的语流中把词识别出来。婴儿不仅不懂词的意思，甚至本来就不知道需要从语流中把词识别出来。那么，婴儿大概从什么时候开始可以识别词这个单位了呢？婴儿又是用什么样的方法做到这一点的呢？

（1）根据韵律和语调

语音是有韵律的，某些地方说得重、音调高，某些地方说得轻、音调低；某些地方说得十分清楚，某些地方说得含糊不清。这种有轻重缓急的韵律和抑扬顿挫的语调在很多情况下和句子成分的切分是对应的。当看到日文片假名撰写的标语"ココデハキモノヲヌイデクダサイ"时，人们可能会有错误的切分。可是，如果是听一个人读这段标语，就可以通过韵律和语调判断句子的切分，如"ココデハ｜キモノヲ"或者"ココデ｜ハキモノヲ"。因此，说话者自然地说话时，听话者就不会产生误解。总之，韵律和语调是切分语流的依据[①]。

―――――――――

① 汉语也是如此，阅读"全国性教育研讨大会"等文字可能会产生错误的切分。如果听一个人说出来则不会，"全国性｜教育研讨｜大会"，韵律会帮助我们切分。——译者注

婴儿在妈妈肚子里就习得的母语的韵律和语调模式，是他们在出生后从语流中识别词非常重要的线索。

（2）"出血了"的偏误——意识到实词和功能词的区分

实词指的是"狗""走"等本身就带有某种概念意义的单位。与之不同的是这样一些词，如日语的 wa（表示前面的成分是话题）、wo（表示前面的成分是宾语）、te（表示动作的接续），英语的 a、the 等[①]，它们本身不带有某种概念意义，这种词叫作"功能词"，或叫作"虚词"。

实词和功能词的语音各有什么特征呢？让我们稍稍思考一下这个问题。首先，几乎所有的功能词都很短，日语中除了"手"（te）、"目"（me）、"血"（ti）等词是单音节之外，大部分实词都是多音节的。但是，功能词大多是单音节的，如 wa、ga（表示前面的成分是主语）、

----

① 例如汉语"我的书"中的"的"，"打得好"中的"得"，"吃着饭"中的"着"。——译者注

wo、to（并列成分的连词，相当于汉语的"和"）、ni（表动作的对象）、de（表动作发生的场所）。在日语中，这些单音节的音多出现于韵律单位的末尾。

　　婴儿已经注意到这些特征，并且从很早开始就能运用这些信息来区分实词和功能词。功能词之间很少能够连用，如"watasi（我）ga ni"这种将两个功能词ga和ni连用的说法是不存在的。而且，功能词通常夹在实词之间使用。因此，婴儿能以这些频繁出现的功能词为线索来识别实词。

　　说句题外话，妈妈对孩子不说"手"（te）、"目"（me）这样成年人使用的词汇，而是经常对孩子说一些诸如"otete""omeme"等儿语，这是合理的。"otete""omeme"等儿语替代了单音节实词"手"（te）、"目"（me），可以降低孩子把"手"（te）、"目"（me）误解为功能词的概率。不过，"血"（ti）不说成"otiti"，这大概是因为已经有了"乳"（titi）这个实词的缘故，确切的原因我也不清楚。类似"ara, tigadeteruwane"（啊，出血了呢！）这样的说法，在对孩子说时也是用"血"（ti）。

　　2 岁左右的小孩在说"ti（血）ga（主格助词）deta
（流出了）"这句话时，经常说成"ti（血）ga（主格
助词）ga（主格助词）deta（流出了）"。小孩把"血"
（ti）这个词错认为是"tiga"。日本孩子明明知道"血"
（ti）不是功能词，应该是实词，但是觉得单音节的实词
很少见，所以会把之后的主格助词当作是实词"血"的
一部分，再加上一个主格助词 ga，因此看到了两个 ga。
当孩子想说"ka（蚊子）ni（助词）sasareta（被咬）"
时，常常错成"kani ni sasareta"[①]，这样的案例我们经常
听到。日语口语中时常省略助词，如"boku（我）ikitai
（想去）""aisu（棒冰）hoshii（想要）"[②]。因此，孩子

---

① 错误的理由同上，孩子知道 ka 是实词"蚊子"，但是觉得实词
　　不应该是单音节的，于是把之后的助词 ni 当作了"蚊子"这个
　　词的一部分，之后多加了一个 ni。这样一来，"蚊子"（ka）便
　　成了"螃蟹"（kani）。这句话在大人听起来像是"被螃蟹咬了"。
　　——译者注
② 这两个句子，口语中可以省略助词，若不省略，则应当为"boku
　　（我）ga（主格助词）ikitai（想去）""aisu（棒冰）ga（主格助
　　词）hoshii（想要）"。——译者注

会把助词 ga 错认为是前面实词的一部分，把 tiga 当作 ti（血）。这么想来，也是颇有几分道理。

　　其实，孩子们说错的话反映的是他们在无意识的状态下对语言的分析。这种分析充分地体现了孩子们的智慧。

（3）分析词的语音模式

　　婴儿通过上文介绍的那些线索可以记住一些词的语音形式，并进一步探索这些词是否存在共同的规则。尽管这么说，婴儿的探索并非是有意识的，而是无意识的自发行为。此处说个题外话，想要说地道的英语，正确地发英语单词的重音是十分关键的。如果重音是正确的，那么哪怕其他发音稍微有点偏差，英语母语者还是能听懂；如果重音的位置错掉了，英语母语者基本是听不懂的。我还是大学生的时候，有一次在美国旅行，打车时告诉司机"去喜来登酒店（Sherraton Hotel）"。Sherraton 这个词里有日本人很难发的 r。我就说不好这个 r，尽管如此，还是拼命卷起舌头去发 r 这个音，可是司机完全听不懂。不过，司机听不懂的原因不在于 r 这个音，而是重音的位置错了。Sherraton 的重音位于词首，而不是第二个音节的元音 a 上面。纠正了几遍自己的发音之后，重音的位置终于正确了，尽管 r 仍然发不好，对方就立刻听懂了。

　　大部分英语单词都像 Sherraton 这个词一样，重音位于词首。以英语为母语的婴儿经常听到的高频词的重音都位于词首，如 Mommy、Daddy、baby、girl、boy、pretty、milk、home、car。因此，当婴儿听到重音时，就知道这是一个词开始的位置。重音是婴儿分词的线索。

　　尽管大部分英语单词的重音都位于词首，但还是有很多词的重音在其他位置，例如 violin、MacDonald 的重音位于第二个音节上。那么，婴儿如何识别这类词呢？

　　7 个月左右大的婴儿还认为重音都位于词首，这导致婴儿错误地切分了上述重音不在词首的词。婴儿会认为 violin 的 vio 是前一个词的词尾，lin 是一个新词。不过，9个多月大的婴儿已经能够发现有相当比例的词重音不在词首，这到底是怎么回事？

婴儿能够发现一个音和其他音共同出现的频率是不同的。婴儿能够知道某个音之后总是跟着哪个音，或者偶尔会跟着哪个音。妈妈对婴儿说话的时候，"miruku"（牛奶）这个词会出现在各种各样的句子中，例如"miruku（牛奶）wo（宾格助词）nomu（喝）""miruku（牛奶）ga（主格助词）hoshii（想要）no（吗）""sugu（马上）miruku（牛奶）tukuru（做）ne（喔）""takusan（很多）miruku（牛奶）nonde（喝）ne（啊）"等。于是，婴儿会注意到 mi-ru-ku 三个音节总是有很高的概率连着出现，而前后的其他音总是在变化。这种能力对识别词是十分有用的，尤其是从语流中识别出 violin 这种重音不在词首的词，vio 和 lin 总是一起出现，所以就知道 vio 和 lin 不是两个词，而是一个词。

就像这样，婴儿不断从连续的语流中切分出词，并储存在记忆中。数周之后他仍然会记得这些词，之后如果听到语流中存在这些词，他就可以识别出来。

出生后 9 个月至 10 个月左右，婴儿还是不知道大部分词的意思，仅仅记住了词的语音形式。随着头脑中词的语音形式大量增加，婴儿可以从语流中把它们都识别出来，然后和那些未知的形式作比较，此时切分语流变得更加轻松了。比如婴儿听到 "kawaiiakatian"（可爱的宝宝）这句话时，婴儿知道 "akatian"（宝宝）是一个词的话，他就很容易识别出 kawaii 也是一个词，而不会认为 iakatian 是一个词。头脑中储存很多词的语音形式，对识别新词很有帮助。

随着头脑中储存的词越来越多，婴儿会分析这些词的语音分布模式。例如，英语中的 h 这个音从不出现在词末。sing 和 going 末尾的 [ŋ] 从来不出现在词首，倾向于出现在词末。婴儿会注意到音位出现的位置关系，这也会成为切分词的线索。这类线索对识别 violin 这种重音不在词首的词十分有效。

婴儿听大人们说话时并不是不动脑筋的，而是会敏锐地分析听到的话语。虽然之前我们说过"婴儿没有成人那样的高级的分析能力"，但是婴儿通过切分语流去发现词，并将之储存于记忆中，这可真是件了不起的事情！

专栏 1　我们怎么知道婴儿具备什么知识？

　　本章已经讨论了"婴儿能够区别母语和外语""在日语环境中长大的孩子也能区分 l 和 r"这些问题。这些都是对婴儿做心理学实验后才知道的。那么，这些实验是怎么做的呢？

　　当然不可能去问刚出生的婴儿："这个是日语吗？那个是英语吗？"我们的方法是根据婴儿吮吸奶嘴的力度强弱。以日语为母语的婴儿在妈妈肚子里就开始习得日语的韵律和语调。当听到自己熟悉的日语时，婴儿吸奶嘴的力度会变强，切换为外语后，吸奶嘴的力度就会变弱。

　　婴儿再长大一些，能够坐婴儿车或者坐在妈妈的膝盖上时，就可以采用其他的实验方法了。例如我们会用下面的方法来测试婴儿能否区分l和r这两个音。

　　我们会让婴儿坐在一个专用的座位上，在婴儿座位的侧面放上有趣的玩具。婴儿正面坐着的时候看不到玩具，要看到玩具必须把身体转向玩具的方向。紧贴着玩具放一个隐藏的喇叭，用于播放语音。先播放"ra ra ra ra"这样重复多次的语音，然后切换为"la la la la"。切换语音后，放置在婴儿座位侧面的玩具就开始动起来。如此反复，婴儿便知道了一件事：只要声音一切换，玩

具就会动起来。所以，婴儿只要听到声音切换，在玩具动起来之前，婴儿就会提前转向玩具的方向。因为婴儿能够根据声音切换预测玩具马上要动起来了。因此，在玩具动起来之前就转向玩具的婴儿能够分辨 r 和 l 的区别。与之相反，在玩具动起来之前没有转向玩具的婴儿则无法分辨两个音的区别。

这样，我们就可以调查还不会说话的婴儿具备什么样的知识和能力。实际上，心理学家想出了各种各样的实验方法来研究婴幼儿的心理。在这半个世纪的时间里，有了很多的发现。以前我们认为婴儿只是稀里糊涂地看着身边发生的事情，处于未知世界之中，并认为这些事情都是一团乱麻。但是，今天我们知道婴儿有着惊人的学习能力，他们对语言、自己身处的世界、自己以外的人的意图和心理状态有着丰富的知识。这种知识超乎人们的想象！

第二章
海伦·凯勒的奇迹：打开语言世界之门

　　词是造句的重要单位。第一章介绍了儿童是如何依靠自身的力量识别词的。本章将讨论儿童是如何习得词义的。

1　对语言的观察

（1）海伦·凯勒的故事

　　大家知道著名作家海伦·凯勒（Helen Keller）吗？海伦·凯勒在她1岁7个月的时候得了一种病。这种病导致她眼睛失明，耳朵失聪，连话也不会说了。这让她承受了三重苦难。耳聪目明的正常婴儿用耳朵听人说话，并结合眼前的场景来理解语言的意思[①]。那么，儿童在眼睛失明、耳朵失聪的情况下习得词义一定是十分困难的。

海伦学会了说话，并上了哈佛大学，留下了大量的著作，并在全世界做演讲。根据海伦的传记，她在 6 岁的时候迎来了家庭教师安妮·沙利文（Anne Sullivan）老师。沙利文老师把自己怎么教海伦的过程，以及海伦的成长过程事无巨细地记录下来，以信件的方式告诉自己的好朋友，这些信件如今已经编纂成书[②]。书中描述了她是如何通过手指语[③]教海伦学习语言的。这些内容十分有意思。

沙利文老师到凯勒家生活是在 1887 年 3 月 3 日，她十分努力地教海伦学习手指语，但是海伦怎么都学不

---

① 实际情况要比这个复杂很多，我们会在后面进一步讨论。这里暂且这么说。

② 这本书有日译本：《ヘレン·ケラーはどう教育されたか》（海伦·凯勒是怎么接受教育的）（安妮·沙利文著，槙恭子译）。

③ 又称"指拼法""手指拼法"，属于手语法体系。——译者注

会。这是因为海伦并不知道她手上感受到的东西实际上是一个个词，是代表某种东西的符号。沙利文老师用手指在海伦的手掌上写字，海伦觉得这个很好玩，就模仿着在沙利文老师的手掌上写出来。她们每天重复着这样的过程。此时，海伦已经开始意识到手指语与事物或者动作之间存在某种关联。沙利文老师给她递过物品，并在她的掌心写下手指语，用这样的方式不到一个月（3月31日），海伦已经记住了18个名词和3个动词。沙利文老师在信里提到了这些进展。

不过，沙利文老师明确指出，这时候的海伦还不知道手指语代表的是语言。让海伦摸一下蛋糕之后，她可以写下 cake 这个词。但是，当她想要吃蛋糕时，并不能使用 cake 这个词来表达自己的意愿。海伦不能理解 cake 这个词是表示蛋糕这个事物的符号，所以不能使用这个符号表达自己想吃蛋糕的意愿。

不久，海伦迎来了改变命运的时刻。这是《奇迹创造者》(The Miracle Worker) 这部电影中的名场面，知道的人可能很多。4 月 5 日，沙利文老师带着海伦去水井边上，把水打上来的时候，给了海伦一个容器，让她在出水口下面装水。当容器满了水溢出来的时候，沙利文老师在海伦的另一只手上写下 water 这个词。"这似乎让她感到惊讶，这个词恰好与冰凉的井水流过她手掌的感觉完美地结合在一起。她放下容器，站在那里，像一个被吻过的人，脸上露出喜悦之色。她多次写下 water 这个词，并蹲在地上，指着水泵和葡萄架，然后突然转过身来，问我的名字。我写道：'teacher'。正好这个时候，奶妈带着海伦的妹妹来到井边，海伦写道：'baby'。在回家的路上，她非常兴奋，记住了她所接触的每一个物体的名称，在几个小时内，她在现有的词汇量基础上增加了 30 个新词。"

这一刻，海伦身上到底发生了什么？她突然理解了手指语拼写法代表的其实就是语言，每个事物都有一个名称，表达这个事物的符号就叫语言。从此以后，海伦无论到哪里，遇到不知道名称的事物都想要知道它叫什么，并且把自己知道的词教给周围的人。

这个故事告诉我们很多关键信息：什么东西对婴儿

习得语言是必需的。对习得语言来说，仅仅机械地记住事物、动作和语音的联系 ① 是不够的。我们已经掌握了语言，对我们来说，语言相关的各种现象似乎都是理所应当的："所有的事物、动作都有名称"，"事物和动作的名称是由一个个音构成的"，"自己想要传达的信息能够通过词的组合表达出来"。这些是语言的基本功能和特点，很少有人特地去关注这些。海伦的例子告诉我们，婴儿必须理解语言的基本性质，才能习得语言。

（2）关于黑猩猩的研究

一个人如果不能理解上文所说的语言的基本性质，就不能说掌握了真正意义上的语言。黑猩猩习得语言的研究可以很好地阐释这句话的含义。

从很早开始就有教黑猩猩说话的研究。研究人员并不是教黑猩猩说人类的语言，而是教黑猩猩使用"绘文字"（Emoji）这样的符号来表达身边常见事物的名称，

---

① 海伦的例子中是事物、动作和文字之间的联系。

如苹果、香蕉、鞋子等。尽管要花很多的时间，黑猩猩还是能记住 100 个至 200 个左右表示各种事物的符号。不过，走出实验室的黑猩猩和人类儿童不一样，黑猩猩并不能自发地使用符号和人们[①]交流，并不能使用"绘文字"表达"给我香蕉"之类的意思。

符号表示事物的名称，是有意义的，将符号组合在一起可以向他人传达自己的意愿。这是语言的基本特性。黑猩猩无论如何都理解不了这一点。与之截然不同的是，人类儿童天生就有使用语言的冲动，这不仅仅是为了表达他们想要果汁或吃饭，而是单纯想把他们所知道的事情告诉其他人。海伦在意识到 water 这个词和水的联系之后，无论到哪里，遇到自己不知道的事物都想知道它叫什么，还想教身边的人自己知道的东西。不光海伦如此，健康的普通孩子也如此。

海伦的故事、教黑猩猩学语言的研究告诉我们：人类儿童习得语言并不是机械地记住词和事物的对应关系

---

① 照顾黑猩猩的饲养员和研究人员。

那么简单。

2　婴儿的一根筋脑瓜

人类儿童要记住词语，事先需要知道什么吗？他们又是如何学会一个词的呢？

海伦以 water 这个词为契机，打开了语言世界的大门，并以惊人的速度记住了大量的词语。不过，儿童掌握词义的过程并不简单。沙利文老师在信中写道："海伦经常混淆 mug、milk、drink 这些词"，仔细想来也不奇怪。日常生活中，美国人会在马克杯（mug）中倒入牛奶（milk），然后再把牛奶喝掉（drink）。将牛奶倒入马克杯再饮用这一系列动作发生的时候，沙利文老师有时告诉海伦这叫 mug，有时则告诉她叫 milk 或 drink。同一个状况下，教了三个词。三个词对应这一状况中的什么部分，海伦是很难分清楚的。

婴儿在日常生活中也会遇到这样的情况。例如婴儿很开心地摇拨浪鼓的时候，妈妈会说出各种各样的话来，如"宝宝不要摇拨浪鼓""宝宝在摇拨浪鼓呢""宝宝好开心啊""宝宝摇得好棒"等。听到这些话语的婴儿怎么知道"拨浪鼓"是他正在摇晃的玩具，而不是他正在吸吮的奶瓶？"拨浪鼓"这个词为什么指的是他手中的东西，而不是"摇晃"这个动作？婴儿不摇晃拨浪鼓的时候，比如拨浪鼓掉在地板上的时候，他怎么知道这东西也叫"拨浪鼓"。另外，"好开心"这个词指的既不是物体也不是动作，婴儿又是如何知道这指的是人的情绪状态？

（1）词义是可以教的吗？

在上述场景中，婴儿听到的词有众多理解的可能性。事实上，婴儿并不会对此感到迷茫。婴儿的脑子是一根筋的，在听到一个词的时候，他根本不会考虑各种可能性。这里所谓的"一根筋"指的是什么呢？

首先，比起动作，婴儿更喜欢给事物起名字。比如，当看到大人拿着什么东西做某个动作的时候，婴儿听到一个不知所云的词，他会认定这个词指的是事物的名称，而不是动作的名称。

那么，当多个事物一起出现的时候怎么办呢？如果有两个事物，婴儿已经知道其中一个的名称，而不知道另一个的名称，婴儿就会认定没听过的那个词语一定指的是未知的那个事物。婴儿这样一根筋地认定某些事情，就无须考虑日常场景中各种复杂的情况。婴儿总是先关注事物的名称，之后才开始关注动作的名称以及颜色、花纹、柔软度等事物属性的词语。

海伦混淆了 milk、drink 这些词，那是因为当时她已经 6 岁了，而且沙利文老师从一开始就用具有名词和动词的完整句子跟她说话①。正常的婴儿用耳朵听人说话，一根筋的婴儿最早会无视词类②的区别，所有的词都被认为是事物的名称，根本不考虑动作也有名称。因此，婴儿并不会像海伦那样产生迷惑：milk 这个词到底

---

① 实际上，沙利文老师不是在"说话"，而是用手指在她掌心上写字。

② 词类指的是根据词的语法意义和语法功能划分的类别，如名词、动词、形容词等。——译者注

指的是白色的液体，还是装着这种液体的马克杯，还是喝这个动作。

把听到的词和当下场景中的某个事物正确地建立联系，是习得语义过程的第一步。那么，如果知道词对应于场景中的哪个事物，是不是就意味着知道了词的意思？很遗憾地告诉你，并非如此。

从本质上讲，词义是可以教的吗？如何才能教不懂日语的外国人以及婴儿一个日语词的意思呢？请大家思考一下。以"兔子""杯子""绿"这些词为例。教成年的外国人这些词似乎很简单。如果学生懂英语，只需要告诉学生："兔子 / 杯子 / 绿" means "rabbits/cups/green"。当然，这么做的前提是这个学生知道英语的"rabbits/cups/green"分别是什么意思。

那么，在教婴儿的时候又该怎么办？例如跟婴儿说"兔子"是白色的、毛茸茸的动物，耳朵很长，眼睛是红色的。可是，婴儿连"兔子"是什么都不知道，他能听懂你说的"毛茸茸的""动物""耳朵""长""眼睛""红色"这些词吗？在教婴儿词义的时候，用别的词语来解释是行不通的。

"那完全没有问题，很简单，只要给婴儿看例子不就行了"，很多人可能会这么想。然而，这么做真的管用吗？在教"兔子"这个词是什么意思的时候，只要找一只兔子给婴儿看就行了？什么样的兔子都可以吗？最普通的那种小白兔可以吗？还是灰色、棕色的兔子？或者耳朵垂下来的兔子？兔子的身体大小差别也很大，给他看哪种呢？婴儿看过白色兔子，再看到体型更小的灰色兔子，他能认为这也是"兔子"吗？婴儿会认为没有在吃胡萝卜的兔子也是"兔子"吗？婴儿会认为不在笼子里的兔子也是"兔子"吗？

大家可能觉得婴儿当然会理解以上不同情况下的"兔子"。这是因为大家头脑中已经知道了"兔子"这个词的词义，就想当然地认为，对婴儿来讲，这些也是不证自明的东西。仅仅从一个特定的例子出发来确定词义实际上是不可能实现的。当然，这并不是说，我们完全想不出这样的特定的例子来，而是恰恰相反，每个例子都不一样，我们无法决定哪一个是这个词的含义①。

（2）只有掉进浴缸的鸭子才叫"鸭子"？——切断事物 和场景的联系

　　婴儿发现每个词都有它的意义。于是，他们尝试弄清楚所遇到的新词的含义。这个理解过程存在很多可能性，婴儿可能会用很奇怪的方式使用这些词语。

　　有外国研究人员记录的一个例子。某个男性婴儿最早说的词是"鸭子"。但是，这个婴儿只有看到漂浮在浴缸里的黄色玩具鸭子时才说这个词。如果把这只玩具鸭子放在浴缸旁边，他就不说这是"鸭子"。当他看到真实的鸭子或其他玩具鸭子时，也都不会说眼前的是"鸭子"。有的婴儿用手推着玩具汽车移动的时候，嘴里会反复地说"轰~轰~"。可是，玩具汽车不在自己手上的时候就不会发出这个声音，看到自己家的汽车或者马路上跑的汽车时也不会发出这个声音。

_____

① 这被称为"一般化问题"。

　　在婴儿最早开始说话的时候，上面这些情况很常见。这是为什么呢？这一阶段的婴儿认为语言这个东西到底是什么呢？

　　我的猜测是，婴儿即便知道词"指的是某个事物"，但是他认为这个词和使用这个词的特定场景是绑定在一起的。婴儿从上文那些特定的例子推测真正的词义是很难的。为了在各种合适的场合使用一个词，就需要将词和具体的场景切断，这一点十分关键。并不只有漂浮在浴缸里的玩具鸭子才是"鸭子"，拿在自己手里的时候，妈妈拿着的时候，放在浴缸边上的时候，放在玩具收纳箱里的时候，都是"鸭子"。这些对成人是理所应当的事情，但是对婴儿来讲并不是天生就知道的，而是需要婴儿自己去发现。婴儿在意识到"词代表某种意思"之后，切断事物和场景的联系是学会词义的第二步，这一步也同样关键。

（3）葡萄、酥饼都叫"月亮"：词义的范围

　　上一节讲的是"词不依赖于具体的场景"，进一步

推广，可以说"几乎所有的词语都不局限于特定的个体事物"①。也就是说，当孩子记住家里的玩具鸭子叫"鸭子"之后，"鸭子"这个词就可以指称任何的同类事物。孩子明白这个词可以使用在哪些事物上是十分关键的。

可是，"一个词可以使用在其他哪些事物上呢"，这里面还有一些难点。《语言的诞生》（岩渊悦太郎等著）这本书里介绍了一个极端的例子。有个孩子的爸爸因为工作长期出差在外。家里人为了教小孩"爸爸"这个词，只能指着爸爸的照片教他叫"爸爸"。小孩误认为整张照片叫"爸爸"，所以看到所有的照片不管照片上是谁都叫"爸爸"。还有一个外国小孩的例子，家长指着屋子外面的积雪，教一个 16 个月大的小女孩"雪"这个词。之后的一两个月里，这个小女孩不仅把雪叫作"雪"，还把玩具船上白色的部分、马的白色尾巴、白色毛巾、洒在地板上的牛奶都叫作"雪"。也就是说，这

---

① 例外是"太郎""花子"这样的固有名词，这个问题下文再谈（"太郎""花子"分别是日本最为常见的男孩和女孩的名字，类似于汉语境下的"小明""小红"等人名。——译者注）。

个孩子把"雪"理解为所有白色的事物或者是在地面、地板上铺开的白色事物。孩子看到雪，然后思考雪到底是什么，然后作出上面的推测，也不是没有道理的。

有个婴儿记住绘本中的白色小狗叫"汪汪"，之后就把猫和其他四足动物、白色毛线球、白色毛巾都叫作"汪汪"。这个婴儿把"汪汪"这个词理解为四足动物或白色毛茸茸的事物。

还有婴儿把新月、满月、酥饼、圆形挂壁时钟、对半切开的葡萄、切成圆形的柠檬、牛角、荷兰豆都叫作"月亮"。这个孩子一定是把"月亮"理解为新月形或者圆形的事物，或者黄色的事物、闪闪发光的事物。

从上面几个例子，我们可以知道，婴儿在刚会说话的几个月里，经常把对应于一个事物的词按照不同的标准用于其他的事物，这些事物要么形状相同，要么颜色相同，或者是触感相同。同一个词指称的众多事物构成一个异质性很强的范畴。实际上，并不存在一个词用来指圆形或黄色的事物。

月亮。

月亮？→

（4）是固有名词还是普通名词?

婴儿到什么时候还会犯上述错误呢? 例子里提到的那些孩子会在两三个月大的时候犯错，之后便能够正确使用这些词。到了接近 2 岁的年龄，这些错误自动会减少。2 岁左右的孩子是怎么理解第一次听到的词的呢?

这里插一个其他话题。一般来讲，一个词不限于某一特定的事物，而是事物的集合。在某个标准下相似的事物的集合叫作"范畴"，这在第一章里已经介绍过了。例如"兔子"这个词不仅指某只特定的兔子，而是所有兔子的总称。但是，固有名词有所不同。固有名词指的是特定的个体的名称。也就是说，不管其他事物和它多么相似，都不可以使用与之相同的名称。

大家在学习英语的时候，会觉得英语和日语有很大不同。第一个不同是名词。英语在语法上明确区分固有名词、可数名词和不可数名词。例如，假如一只狗的名字叫"太郎"，英语说"This is Taro"[①]。但是，说

---

① "太郎"的日语发音为"taro"。

"狗"这种动物时，要说"Taro is **a** dog. Dog**s** **are** smart animals"。当"狗"（dog）这个词是单数的时候，前面要加冠词 a，复数的时候词末要加上复数标记 -s。但是，像牛奶（milk）、水（water）这样的不可数名词，就不需要加冠词 a，或加上复数标记 -s。实际上，当婴儿在推测一个词的意思的时候，这些语法标记是很好的线索。当听到不知道的词时，如"This is a neke"（可数名词），哪怕不知道 neke 是什么，至少知道它是某个范畴的名称。所谓范畴名称，意味着可以将第一次听到的词用于指称其他同类事物。再如"This is Neke"（固有名词），前面没有冠词，我们可以知道 Neke 是个固有名词，并不是事物的范畴名称。

而日语就很难从形式上看出固有名词和普通名词的差别[①]，遇到不知道的事物，比如说猫。"这是猫"这个句子里，"猫"到底是固有名词还是普通名词，孩子并不是很清楚。如果不能判断是不是固有名词，会给孩子

---

① 汉语也是一样的情况。——译者注

造成一定的困扰吗？为了研究这个问题，我和另一名学者针生悦子老师一起合作，以 2 岁左右的孩子为对象展开实验。

（5）2 岁儿童所认为的"neke"的词义

实验中，我们让 2 岁的日本孩子看一种日常生活中看不到的也不知道名字的动物的毛绒玩具，并教他们这种动物的名称。研究人员指着这种动物的毛绒玩具说"这是 neke"。等孩子记住"neke"这个名称之后，暂时将玩具藏起来。然后将另外四个玩偶和最早起了名称的玩偶（一共五个玩偶）一起放在孩子面前，并跟他说："把 neke 给我。"

除了最早教过名称的那个玩偶，2 岁的孩子还会把其他没有教过名称的玩偶 ① 叫作"neke"。看来即便日语不能像英语那样在语法上区分普通名词和固有名词，在孩子学会了新事物的名称之后，并不会认为这个名称指

---

① 　后来拿出来的那四只。——译者注

的是特定的个体，而会认为是普通名词。

3　发现语言的结构

这里又产生了另外一个问题。孩子是怎么判断一个东西和另一个东西是否属于同一个范畴的呢？大家可能会说"因为这些都是相似的事物啊"。对的，确实如此。可是，所谓的"相似"又是如何判定的呢？

例如"狗"这个范畴。狗有非常多的品种：腊肠犬、拉布拉多、狮子狗、柴犬、吉娃娃、圣伯纳。即使是腊肠犬这个名称，也是个普通名词，是范畴名称。属于腊肠犬这个范畴的狗数不胜数，相互之间十分相似，难以分辨。"狗"这个范畴就很不一样了。虽然都叫"狗"，但是也有一些狗的外观差异很大，例如吉娃娃和哈士奇、圣伯纳的体型大小、毛色、毛的纹理、脚和身体的长度都有很大的差异。但是，它们还是有相似的地方。

接下来，再来看"动物"这个词。这个词指称的对象十分多样，包含外观完全不同的个体，例如长颈鹿、大象、狮子、红毛猩猩、狐獴、食蚁兽。这些动物各有各的特色，但是它们之间有着共同的性质。这还是可以看作一种"相似"。

接下来思考一下"和狗有关的事物范畴"。狗窝、项圈、遛狗绳、骨头、狗粮等都可以归入这个范畴。这些事物都很相似吗？乍一看外观似乎不是很相似，但是因为都是和狗有联系的事物，也可以看作是一种"相似"[①]吧。

仔细思考一下，所谓"相似"应该包含各种各样的关系。孩子通过某个事物学到一个新词，并把这个词用在其他事物上，这些事物之间到底是什么类型、什么程度的"相似"呢？我们对这些还是不清楚。

上文提到，16个月大的婴儿把刚刚学会的"雪""汪汪""月亮"这些词误用在其他相关的事物上。

---

① 严格意义上讲，这是一种"相关"，此处作者采用了较为宽泛的说法。——译者注。

婴儿以自己的方式将"相似的事物"与他最先学会说的
那个事物联系在一起。婴儿根据形状、颜色、材料等标
准来联想，用已知事物的名称来指称这些"相似的事
物"，因此才会出现"圆形物体，或黄色物体，或猴子
喜欢的东西"这种让人摸不着头脑的范畴。

（1）孩子觉得"相似"的事物

我们再次讨论一下上文提到的实验。研究人员教 2

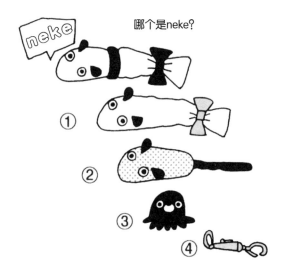

岁儿童 neke 这个词。2 岁儿童在学会 neke 这个词之后，立刻用到了其他事物上。但是他没有选择眼前看到的所有事物，也没有随意选择。

我们通过这个实验想要研究，孩子基于何种"相似性"来决定词的使用范围，因此需要精心设计给孩子看哪些事物。我们把最先给孩子看并教会他名称的事物叫作"目标"（target），上图中没有编号的就是目标。事物 1 和目标的大小、形状、花纹十分相似，只是颜色不同。事物 2 和目标的形状十分相似，但是大小、颜色、花纹不同。事物 3 的外观和目标完全不同，是别的动物。事物 4 不是动物，是人工制品，和目标之间毫无相似之处。

以犬类为例，一只狗必须和典型的腊肠犬达到难以区分的那种程度，才能称之为"腊肠犬"。以这种程度来看，婴儿应该只把目标和事物 1 给研究人员。如果只要是形状大体相似，并不介意大小、颜色、花纹等细节，除了目标之外，还应该选择事物 1 和事物 2。

如果除了目标，婴儿还选择了事物 1、2、3，那么应该是他把 neke 看作了"动物"这种范围十分宽泛的范畴名称。这种情况下，所谓"相似的事物"与其说是外观相似，不如说是功能或者概念上具有相似性的事物。关键是孩子不选择事物 4，如果选了事物 4，可能是因为他完全不明白大人的意图，就把所有事物选进来 ①。

实验结果是，2 岁的孩子选了事物 1 和 2，即把和目标在形状上十分相似的事物认为是 neke，而不把事物 3、4 这种形状差异较大的事物认为是 neke。

因此，通过这个实验，我们可以知道，2 岁的孩子面对完全不知道的词和没见过的事物，倾向于关注形状上的相似，而不是关注颜色、大小、花纹上的相似。对孩子来讲，将一个词进行一般化的推广使用时，他所依据的"相似"指的是形状的相似，而不是颜色、花纹、材质的相似。

_____

① 实验中设置事物 4 就是为了测试被试儿童是否领会了研究人员的指令，从而在分析实验结果的时候排除这部分儿童的回答，确保实验结果的有效性。——译者注

（2）无法给"狗和狗窝"这个概念取名字

事物的名称指的是像"狗""犬科动物""哺乳动物""动物"这种同类事物的集合。"猫"这个范畴被"猫科动物"包含，后者不仅仅指家猫，还包含狮子、老虎等。"猫科动物"又被"哺乳动物"这个范畴所包含。这就是范畴的层级关系。

上文提到的"和狗有关的事物的范畴"又是什么情况呢？这个范畴所包含的事物并非同类事物，而是具有某种用途的杂类，跟"牛和牛奶""猴子和香蕉"的关系是类似的。虽然我们可以基于联想找到这种关系，甚至感觉这些事物的联系很强，但是这并不是同类事物的集合，所以一般也不会给它们取同样的名字。

这对于年幼的孩子来说也是可以理解的。前文提及了"给相似事物的集合起名称"这件事，只是"相似事物"是个十分模糊的概念。刚才所举的例子"和狗有关的事物集合"并不是"相似事物的集合"。

给两三岁的日本孩子看"狗""猪""项圈"三幅画，并对他说"让相似的两种东西做朋友吧"。认为"狗和项

圈是朋友"的孩子竟然要比认为"狗和猪是朋友"的孩子多。但是，让孩子看狗的图片，并告诉孩子图片上的事物在外语里（如汉语）① 叫 dongwu（动物），然后再问孩子："哪些是 dongwu？"几乎没有孩子选择项圈，大家都选择猪。所以，即便是很小的孩子，他们也不会给"和狗有关的事物集合"这样的范畴起个单独的名字。

---

① 对实验对象日本孩子来讲，汉语就是外语。——译者注

（3）没有形状的事物另当别论

孩子倾向给形状相似的事物取一个名称，而不是关注颜色、花纹、材质、大小等要素。那么，水、沙子、黄油等形状不固定的事物又是什么情况呢？沙子和黄油可以有各种各样的形状，因为它们的形状是临时的，所以孩子们判断眼前的事物是沙子还是黄油就缺乏形状上的依据。与此相对，形状对判断"猫"以及"杯子"这些事物是十分关键的。

通过实验，我们可以知道孩子从很小的时候起就明白这些道理。我们已经提到英语中有固有名词和普通名词的区别，这里的普通名词指的是"猫""杯子"等事物的名称。单数的杯子叫 a cup，复数的杯子叫 cups。水和沙子是不可数名词，即不可以计算数量的名词，不可以加 a 或者 s，这些我们在学校里已经学过。那么，可数和不可数到底指的是什么？

我在中学里学这些语法知识的时候，完全不知道"可数""不可数"这种区别的意义是什么，也无法理解为什么英语要特意区分这种差异。不过，后来才知道这种区别对理解词义是十分关键的。

就杯子而言，一个个杯子都是相同的单位。杯子的碎片、杯子的手把儿和杯子是不一样的。像杯子这样在英语里是可数名词的事物，一个事物只有在保持基本完整的情况下才被认为还是这个事物。整个儿作为一个单位，才是与事物本身等同的东西。这和水、沙子有很大不同。

比如，现在眼前有一堆沙子，这堆沙子不能称为"沙子的整体"吧。眼前的沙堆即使崩塌了也还是沙子。像杯子那样存在整体的事物，如果没有了整体，这个事物也就不复存在。像沙子一样没有整体的事物可以无限细分，分割后的事物和尚未分割的事物是同一种事物。

因此，在使用名称的时候，像杯子那样存在整体的事物，形状是十分重要的。整体的形状决定了一样东西能否叫作杯子，而像沙子这样没有整体的事物，形状并不是判断一样东西能否叫作沙子的依据。

日语语法中不能区分普通名词和固有名词，也没有可数名词和不可数名词的区分①。英语里要区分前后两句："Do you see **a** cat there? Do you see water there?"，以及 "I've got **many** apples. I've got **much** butter"。日语里"能看到那里有猫吗?""能看到那里有水吗"两句话语法上是一样的。日语中像杯子一样"可数的事物"和水、沙子那样"不可数的事物"，在句子层面是一样的。

日本小孩，哪怕是一句话也说不好的特别小的孩子，其实也明白"杯子"和"水、沙子"两类事物的差异，我之前做的实验已经证明了这一点。

给2岁的孩子看一些他从来没有见过的可数的事物，例如一种蘸蜂蜜的木制工具，给它起名为 ruti。如下图，还有两个东西，一个是用塑料制成的同样的工具，另一个是前面提及的木制工具的头部，问孩子哪个才是 ruti。孩子会认为塑料制成的工具叫 ruti，而木制工具的头部不叫 ruti。

给孩子看一种类似果冻一样没见过的事物，并告

① 汉语和日语一样也不能区分。——译者注

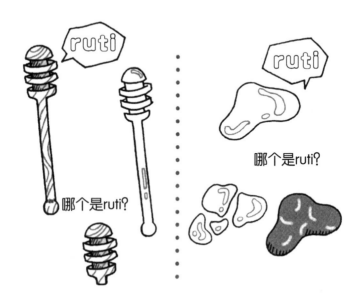

诉他这个东西叫 ruti，然后再给孩子看两样东西：一样
是由同样材质的果冻制成的、形状完全不同的东西；一
样是用黏土制成的、形状和 ruti 一样的东西，然后再问
他哪个才是 ruti？这一回，孩子回答前者才是 ruti，即
材质相同、形状不同的东西叫 ruti。我相信大家也会这
么选。

　　当 ruti 是杯子这种必须维持整体的事物名称时，材
质相同并不能成为判断是同类事物的标准；当 ruti 是黏

土这种没有整体概念的事物名称时，不同的材质的东西不能叫作 ruti。所以，不会有专门的一个词来指称"形状和杯子一样，或者材质是玻璃做的"[①] 这个概念。对大人来讲，这似乎是理所应当的事情，两三岁的孩子其实也能理解这些。但是刚满 1 周岁的婴儿还不见得能理解。上文已经介绍过婴儿把"新月或者圆形的事物，或者黄色的事物、闪闪发光的事物"都叫作"月亮"的例子。

　　词是由相似事物构成的范畴的名称。这种相似不是普通的相似，而是特定种类的相似事物构成的范畴才可以拥有一个名称。婴儿即便知道词只能是相似事物集合的名称这件事，但是最早也不知道如何定义这种"相似性"。但是，到了接近 2 岁的年龄，当把新词和某个特定的对象结合在一起的时候，孩子们能够知道这个词不

---

① 有人说"玻璃杯"不就是玻璃材质、形状和杯子一样吗？注意，玻璃杯的意思是玻璃材质**且**形状和杯子一样的事物。文中说的是"玻璃材质**或**形状和杯子一样的事物"，这样的词确实不存在。——译者注

仅指的是此时此刻眼前的对象，还能按照某种标准用在其他的事物上。

（4）固有名词是后来者

2 岁的孩子认为词都是普通名词。那么，孩子们是不是不知道固有名词的存在，把所有名称都看作范畴的名称呢？

这次我们让 2 岁的孩子给已知名称的动物玩偶起名字，例如企鹅。即便孩子只有 2 岁，也已经知道"企鹅"这个词。给一只企鹅玩偶起名为 heku，我们还是把

起过名的玩偶叫目标，另外还有四个事物展示给孩子，编号分别为1、2、3、4。它们和目标之间的关系和前文介绍的neke的实验一模一样。

跟孩子说"请把heku给我"。这次，孩子只把目标这个玩偶给了研究人员。研究人员再问孩子："没有其他的heku了吗？真的没有了吗？"孩子回答："没有了。"换句话说，当孩子们知道这种动物叫"企鹅"，然后又给企鹅这种动物起了别的名字，后来起的名字就是固有名词，孩子可以知道这一点。

但是，孩子使用固有名词仅限于人和动物，在杯子、球这样的事物上并不使用固有名词。以杯子为目标，做相同的实验。这次孩子除了拿了目标之外，也拿了事物1，而没有拿事物2。杯子不是动物，孩子知道这种东西叫"杯子"，给杯子起了新名字之后，也只能叫××杯子，孩子们认为这是特定种类的事物所构成的集合名称。

特别小的婴儿学不会固有名词，是不是因为人和动物的每个个体都不同，他们无法分辨个体之间的区别呢？其实并不是如此，婴儿分辨人脸的差别比成年人还要厉害。我就不太记得住人的长相，有时在教室外碰到每周上课都见到的学生，我却怎么都想不起对方是谁。婴儿能够记住各种各样的人脸特征，能够很容易区分认识的人和不认识的人。如果给各位看一些猴子的照片，要求当场记住每只猴子的脸并识别每只猴子，诸位对此是否有信心？大多数人会觉得这是极为困难的任务吧。我觉得一般的人是做不到的。不过，1岁前的孩子虽然还不会说话，但是他们可以做到。

因此，婴儿学会普通名词比固有名词早，并非因为他们区分不了事物的细微差别。而是婴儿意识到比起和自己没什么关系的特定个体，包含各种对象的范畴名称对自己更有帮助。

（5）发现语言的结构

本章论述了婴儿和幼儿是如何习得名词（事物的名称）的。我想要让大家知道的是，记住事物的名称并非仅仅记住词和事物的联系那么简单。孩子到了2岁左右，已经能够快速地记住事物的名称。实际上，2 周岁至 3 周岁的孩子，一天可以记住 10 个词左右。爆炸式的词汇量增加叫作"词汇爆发"。这一时期，孩子能够记住的基本上是事物的名称（名词）。孩子不仅将眼前的事物和名称联系起来，还会推测这个词的使用范围，这两种知识都会一起习得。

不过，很小的婴儿不能够立刻判断新词的使用范围。首先，孩子从 1 岁左右开始，靠自己的能力发现"词"这个语言单位，并意识到词是有意义的，开始习得词义。最初的阶段，婴儿是在摸索，尝试使用各种用法猜测词义。他们最早并不知道词可以和场景分割开，也不知道按照什么标准去发现"相似事物的集合"……但是，大人也意识不到，婴儿在不断的试错中逐渐进步。婴儿逐渐发现词和事物在构建联系时存在各种规则。在这之后，婴儿用发现的规则去推测新词的意思，词汇量急速增加。我们会在第五章里更加深入地讨论这个发展过程。

海伦知道 water 就是"水"的名称的当天，她就掌握了 30 个以上的词。我们可以认为海伦和婴儿的不同之处在于，海伦没有像婴儿那样经过试错期，而是立刻明白了一切。这可能和海伦在 2 岁前耳朵可以听到声音有关，那时她还是个健全的孩子。海伦在耳朵失聪之前，应该已经知道"词是具有意义的、词对应于基于相似性所形成的范畴"。自从耳朵失聪、眼睛失明之后，直至 6 岁这段时间，海伦因为完全不能接触语言，便忘记了这些知识。直到意识到 water 的意义这件事，才让她回想起那些知识。

专栏 2　心智词典

词义到底是什么？这是一个十分深奥的问题，从古至今的哲学家、语言学家、心理学家一直在讨论这个问题。100 个语言学家对词义就有 100 种不同的定义。

给孩子看各种动物的照片，然后问："哪个是狗？""哪个是猫？"孩子能够从照片中选出狗和猫的照片。仅仅做到这一点，就算是完全理解了"狗""猫"这些词的意思了吗？

　　人们会根据一个词的具体情况十分灵活地解释词的意思，并根据场景恰当地使用这个词。例如，当你谈论你养的那条狮子狗的时候，某些情况下你把狮子狗叫"狗"，有些情况下你叫它"宠物"。根据场景，你会使用"狗""宠物""狮子狗"这些不同的词。不仅如此，你也可以看到，当有人说，"他懂得抬举领导，让领导感觉很好"，他并不是真的把领导"抬着、举着"，而是在奉承他。随着场景的变化，语义也会灵活地发生变化。我们也可以区分那些意思相似的词。人们记忆中的这些知识——就是我们所讨论的"语义"。

　　当然，在对词义的把握方面，儿童和成年人在精确程度上还是有差异的。就像上面"抬举领导"的例子，有的孩子真的认为是"抬着、举着"领导的意思。小孩无法像大人那样拥有含义丰富、准确的词汇知识，无法理解在一般的用法之外的那些比喻用法。

　　词的集合通常叫作"词汇"。词典里写着词的意思。我们记忆中有着数万条词，因此可以理解人们说话，阅读文章，表达自己想说的内容。我们的心中（记忆中）有着一本词典。这本虚拟的词典叫作"心智词典"（Mental Lexicon）。

我们尚不清楚心智词典的内容，也不清楚心智词典里的表达方式是什么样的。但它肯定和纸质的词典有很大的差别，至少包含词的语音形式、词义、句子中的用法等信息。同时，应该也包括视觉、触觉等感觉，以及听到这个词的时候的情感[1]。

一般的词典是按照拼音字母的顺序排列[2]，不会注明词义的关联性。我们记忆中的词典当然不是按照音序排列的，而是数量庞大的词之间有机关联，形成结构复杂的系统。这和一般词典很不一样。这些我们在第五章再详细讨论。

---

[1]　这个词能带来好的感受还是不好的感受。

[2]　日文词典是按照五十音图的次序排列。——译者注

第三章
牙齿"踩到"嘴唇了——推测动词的词义

.

第二章介绍了儿童在意识到"词具有词义"这一点之后如何推测和学习名词（作为事物名称）的词义。但是，只有名词的话，没办法组成句子。要造句还需要动词[①]。那么，孩子们在知道事物名称之外是怎么知道动作名称的呢？

1 动作也有名称——意识到动词和名词的差异

首先，请大家思考一下下面两个句子中粗体的词

[①] 严格地说，单独的名词加上句调可以构成"独词句"，如："火!"但是这样的句子并不是日常生活中最为常见的句子。——译者注

是什么意思："我喜欢 **toma**""我喜欢 **timoru**"。句子中使用了 toma、timoru 这样的词，请推测一下它们的意思。哪个是名词？哪个是动词？表示事物名称的是哪个词？表示动作名称的是哪个词？即便完全不知道 toma、timoru 的意思，我们也能知道 toma 是事物的名称，timoru 是动作或行为的名称。

词在句子中出现的形式和词类有关。日语的名词没有词尾的变化，而动词有词尾的变化。tobu（飞）不仅以 tobu 这个形式来使用，还有 tobimasu（"飞"的郑重体）①、tonda（"飞了"，完整体）②、tondeiru（"正在飞"，

---

① 和汉语不同，日语在语法上区分简体和郑重体，简体用于非正式的场合，郑重体用于相对正式的场合，动词的简体原形 tobu（飞），to 是词干，bu 是词尾，通过词尾 bu 变化为 bi，再加上郑重体 masu，构成"飞的郑重体"tobimasu。——译者注

② 完整体表示的是动作的完成，tobu（飞）将词尾 bu 变为 n，加上完整体标记 ta，由于 ta 紧跟在鼻音 n 之后，辅音变为浊音 d，因此变为 tonda（飞了），表示飞这个动作已经完成，相当于汉语的"飞了"。——译者注

进行体）①、tobanai（"不飞"）②这些形式。婴儿当然不会知道动词有词尾变化这种抽象概念，但是很早就会意识到 ta/da（完整体标记）、teiru（进行体标记）、nai（否定标记）这些频繁出现的成分。这些成分和日语的 ga、wo、wa、to、ni 等助词③一样，是从语流中切分词语的依据，teiru、nai、masu 等出现在词的后面，也起到了分词作用。婴儿识别了这种重复出现的模式，发现某些音和 ga、wo、wa 等助词一起出现，而有些音和 ta、

①　进行体相当于英语的动词＋ing 表示动作正在进行，tobu（飞）将词尾 bu 变为 n，加上进行体标记 teiru，由于 te 紧跟在鼻音 n 之后，辅音变为浊音 d，变为 tondeiru（正在飞），表示飞这个动作正在进行。——译者注

②　汉语表示否定，是在动词前加"不"，如：不飞。日语是将动词 tobu 的词尾 bu 变为 ba，然后加上否定标记 nai，变为 tobanai（不飞）。——译者注

③　日语助词 to 相当于汉语的"和"，wa 表示前面的部分是话题，wo 表示前面的成分是宾语，masu 表示动词郑重体，比如"<u>太郎</u> to（和）<u>花子</u> wa（话题）<u>ご飯</u> wo（宾语）<u>食べ</u> masu（郑重体）"（太郎和花子吃饭）。这些助词由于都跟在实词的后面，其实根据这些助词婴儿就可以知道两个助词之间下划线的成分大致是一个词。——译者注

teiru、nai、masu 一起出现。

这是十分重要的。在上一章中，我们提到婴儿可以通过猜测词义来学习单词，因为婴儿的脑袋是一根筋的，不会考虑更多可能性。当婴儿听到一个不认识的词时，就会先认定它是一个物体的名称。但如果婴儿继续这么做，就只能记住事物的名称（名词）了。这也意味着婴儿永远无法造句。所以，婴儿需要学习的不仅仅是事物的名称，还必须意识到动作也是有名称的。因此，婴儿意识到动词在形式上与名词的明显不同是非常重要的。

（1）"timotteru"是表示动作的词吗？

一旦注意到一个词存在不同形式，就需要注意形式和意义之间的关系。关键还不是单个词的形式和意义的关系，而是和表达语法功能的成分一起出现的词对应于什么样的概念。例如，意识到以 teiru、ta 结尾的词不是事物的名称，而是动作。

那么，婴儿会具备这样的知识吗？如果这种对应关系有一定的规律，而且这些成分出现的频率很高，婴儿就很容易在早期就掌握这些知识。一个 2 岁的孩子能够明白日语中以"teiru"结尾的词不是事物的名称，而是动作的名称。这是学习动词词义的一个非常重要的步骤。那么，一个孩子是从何时开始，以什么样的方式发现了这一点呢？这里介绍一个相关的实验。

　　让我们回顾第二章的实验。那个实验中，我们为实际上并不存在的事物编造名字[①]，然后看孩子们用这些名字来指称哪些事物，以了解他们如何猜测名词的词义。这次的实验也是以同样的方式，我们教孩子们一个虚构的词。然而，这一次，我们给他们看的不是一个物体，而是一段视频。视频里，一名女孩子拿着一个物体

---

① 　为什么要为实际上不存在的事物编造名字？因为如果采用既有事物的名称来做实验，就存在一个可能性，有些参加实验的孩子已经通过大人接触过这个事物并知道这个事物的名称，甚至从大人那里了解到这个事物和其他相关事物的关系。实验中，我们需要排除这种既有知识对实验结果的影响，所以通常采用"假词"进行实验。假词就是为实际上不存在的事物编造一个名字，这样就确保所有的孩子事先都不知道这个词。——译者注

在做重复的动作。

实验的被试 [1] 是 3 岁和 5 岁的孩子，每个年龄组有 30 个孩子。每个年龄组的儿童又被分为两组，每组 15 名儿童。我们对其中一组的孩子说："呀！在 timotteru 呢！"对另一组的孩子说："呀！有一个 timo 呢！"每个孩子都会认为 timo 是名词，而 timotteru 是动词 [2]。那么，即便是 3 岁和 5 岁的孩子都能具备这样的能力吗？我们通过以下的方法来研究。

给孩子们播放一个视频，视频里有个人拿着东西做某个动作（见下页图中位于上面的图像），然后对孩子们说："有一个 timo 呢！"或"在 timotteru 呢！"之后再给他们看两段视频，第一段视频和之前的视频有一些变化（见下页图中位于左下的图像），人和所持事物是

---

[1]　心理学、语言学实验中，接受测试的对象叫"被试"。在儿童语言实验中，儿童就是实验的被试。任何科学实验都要遵守科学伦理。在儿童语言实验中，科研人员需要事先告知儿童监护人实验的细节，征得书面同意，并通过学术伦理委员会的审查。——译者注

[2]　孩子会认为 timotteru 中的 teru 是进行体标记 teiru 的省略形式，因而前面的成分被识别为动词。——译者注

一样的，但是做的动作不同。第二段视频（见下图中
位于右下的图像）是人和动作是一样的，只是所持东西
不同。被告知"有 timo"的孩子要指出哪个视频里有
timo，被告知"在 timotteru 呢！"的孩子需要指出哪个
视频里的女孩在"timotteru"。孩子的回答是，timo 指的
是和第一段视频有着相同事物的视频（左下），timotteru
指的是和第一段视频有着相同动作的视频（右下）。

　　不管是 timo 还是 timotteru 的问题，5 岁的孩子都能
正确回答。3 岁的孩子中，被问及 timo 问题的测试组能
够正确作答，但是被问及 timotteru 问题的测试组正确作

答的占比仅为一半[①]。

在前一章里，我们介绍了 2 岁的孩子能够将第一次听到的名词（事物名称）用于指称其他事物。这个视频实验中，3 岁的孩子可以知道名词是事物的名称，同一个名词可以用来表示同一事物。同时，我们发现将 timotteru 这样的动词对应到一个动作上比将名词对应到一个物体上更难。

但是，3 岁的日本儿童至少可以知道 timotteru 不是事物的名称。把第一个视频中挥动的物体放在桌子上，问孩子："这是 timotteru 吗？"孩子们会清晰地回答："timottenai。"[②] 这说明了 3 岁的小孩能够知道 timotteru

---

① 因为只有两个视频选项，随机选择的正确率为 50%，因此孩子们的回答必须高于随机选择的正确率才能认为孩子们能够对该任务作出正确回答。——译者注

② 孩子们没有回答"这不是 timotteru"，而是回答了"timottenai"，也就是"没有在 timotteru"。说明孩子们把 timotteru 当作了动词，把 timo-tteru 分析为两部分，短横线之前的 timo 是动词词干，短横线之后的 tteru 分析为进行体标记。既然孩子认为这个是动词，在作否定回答的时候，就把这个动词变为了对应的否定形式 timo-tte-nai。日语动词进行体变为否定形式是把 -tteru 最后的 -ru 变为 -nai。——译者注

不是物体而是动作。然而，动作保持相同，只有所持物体发生变化时，3 岁的孩子就不知道是否应该使用原来的那个动词了。儿童对动词的看法比成年人要狭隘。换句话说，他们把这个动词理解为"用这个特定事物做这个动作"。

（2）如果动词和名词长得一样

在日语中，孩子们可以依据词的形态判断 timo 是名词，tomotteru 是动词。那么，当名词和动词的形态完全一样的时候，该怎么办呢？汉语的名词和动词就没有形态的差别，例如：我们新造一个词叫"dang-pa"，用这个词作为名词或动词分别造个句子：

名词：那里有个 dang-pa。
动词：她在 dang-pa 一个东西。

比较两个句子，我们会发现 dang-pa 这个词的形式是一样的。如果从整个句子来看，中国的成年人可以知

道第一个句子里的 dang-pa 是个名词，第二个句子里的
dang-pa 是个动词。在汉语中，无法通过一个词本身的
形态判断它是名词还是动词。

如果词的形态是判断名词和动词的线索，那么以汉
语为母语的孩子在区分事物名称和动作名称的时候就没
有这个线索。这会影响中国孩子习得名词和动词吗？

为了研究这个问题，我们以标准汉语（北京话）为
母语的孩子为对象，进行上文介绍的实验。实验中采用
的视频和方法都和之前一样。只是把新造的词造得听起
来像汉语一样，向孩子提问也是用汉语："有 dang-pa 的
视频是哪个？""姐姐在 dang-pa 的视频是哪个？"

3 岁和 5 岁的中国孩子不管把 dang-pa 看作名词还
是动词，都选择了"所持事物相同、动作不同"的那个
视频（前图中位于左下的图像）。3 岁的日本孩子在回答
timotteru 的问题时，选择"所持事物相同、动作不同"
的视频和"所持事物不同、动作相同"的视频的概率各
占一半，5 岁的日本孩子会选择"所持事物不同、动作
相同"的视频。3 岁的日本孩子和 5 岁的日本孩子有着

明显不同的反应。可是，中国孩子即便到了 5 岁，也基本上会选择"所持事物相同、动作不同"的视频。5 岁孩子并不是不能理解简单的句子结构，在没有仔细分析整个句子的情况下，孩子们会认定 dang-pa 这个新词是事物的名称。

　　日语的话，即便不对整个句子进行分析，仅仅依据词的形态就可以知道 timotteru 不是事物的名称。汉语的名词和动词的形态是一样的，孩子有强烈的倾向认定这个新词指的是事物的名称。大约要到 8 岁时，这种倾向才能被修正，孩子那时能够立即认识到新动词是一个动作的名称。

2　ageru、morau、kureru——动词词义的复杂性

　　对孩子来讲，意识到动词对应于动作要比意识到名词对应于事物的时间要晚。那么，一旦成功地将一个动词对应到一个动作上，孩子们就能正确地猜出这个动词的含义吗？事实并非如此，其中仍有各种问题需要孩子

去解决。

（1）ageru、morau、kureru

请看下页的插图，妈妈看着这幅插图给孩子讲故事的话，会怎么讲呢？有两种讲法[①]：

ojiisan-ga   purezento-wo

爷爷-主格标记   礼物-宾格标记

onnanoko-ni   age-teru-ne.

女孩-表对象的格助词   给予-进行体-语气词

"爷爷在给小女孩礼物。"

---

① 本节出现了很多日语独有的语法现象，翻译为汉语或英语并不能准确地传达作者想表达的语言现象，因此仿照语言类型学的标注方法，例句采用三行标注，第一行为日文原文的罗马字形式，第二行为语法标注，第三行为中文释义，需要读者对应起来看。限于版面，日文原文的罗马字形式和语法标注可能会分两行，请读者注意。句子后什么都不标表示这个句子是合乎语法的句子，如果句子后标注星号 *，则说明这句话在日语里是不合语法的，成年日本人不会这么说，但是儿童可能会说出这种错误的用例。——译者注

或者另一种说法：

onnanoko-ga　　　ojiisan-ni

女孩–主格标记　　爷爷–表对象的格助词

purezento-wo　　　mora-tteru-ne.

礼物–宾格标记　　收到–进行体–语气词

"小女孩正从爷爷那收到礼物。"

如果孩子就是图中小女孩的角色，我们会听到什么样的表达呢？见下例：

×× -tian-**ni**　　　　　　　　purezento-**wo**
××–人名后缀—表对象的格助词　礼物–宾格标记
age-you.
给予–想要
"想要给 ×× 礼物。"①

不过，收到礼物的孩子将这件事说给其他人听的时候，应该怎么说呢？可以有两种说法：

ojiisan-**ga**　　　　purezento-**wo**　　　**kure**-ta.
爷爷–主格标记　礼物–宾格标记　收到–完整体标记
"从爷爷那收到了礼物。"

———————————

① 此处 ×× 表示小孩自己的名字。——译者注

ojiisan-**ni**　　　　　　　purezento-wo

爷爷–表对象的格助词　礼物–宾格标记

mora-tta.

收到–完整体标记

"从爷爷那收到了礼物。"①

我的侄女在她 4 岁的时候会说出以下两种说法，其中第一种说法在成年人看来是错误的：

ojiisan-ga　　　　　(jibun-ni)

爷爷–主格标记　我–对象标记

purezento-wo　　　**age**-ta.*

礼物–宾格标记　给–完整体标记

"爷爷给了我礼物。"

---

① 这两个句子的中文翻译虽然一样，但是日文对应了两种说法。——译者注

爷爷所给礼物的对象是她自己。这种说法其实是错的，而应该说：

ojiisan-ga   (jibun-ni)

爷爷–主格标记   我–对象标记

purezento-wo   **kure**-ta.

礼物–宾格标记   给–完整体标记

"爷爷给了我礼物。"

把错误的那个句子对译成英文："He gave me a present"，这是完全正确的句子。日语中，ojiisan（爷爷）作为主语的时候和作为说话者的侄女做主语的时候，不可以使用同一个动词。侄女的这个说法让我意识到日语的 ageru、morau、kureru 这几个动词实际上非常复杂，不仅仅相当于英语中的 give、receive，表示传递事物、接收事物的行为，还包含了更多其他的含义。

和英语不同，要理解日语 ageru、morau、kureru 的含义，除了要理清楚"谁给""给了什么"，还要弄明白

"给谁"。当某人向自己（说话者）传递一个事物时，以自己为中心（做主语）的时候使用 morau；某人作为主语的时候，动词要用 kureru。当某人向另一个人传递一个东西的时候，动词要用 ageru。有个 2 岁 4 个月大的女孩子把应该用 morau 的地方说成了 kureru。这在《语言的诞生》这本书里也已经提到过了。孩子最早将这些词混同，并不是毫无道理的。孩子们最终能靠自己的力量改正这些错误，确实很了不起。我以及侄女周围的大人，都没有指出她的错误，但是我的侄女过一阵子后就不再犯这个错误了。

不管什么情况，有递东西给别人的人，就有接收东西的人。然而，有的时候听到 ageru，有的时候听到 kureru，有的时候又听到 morau。那么，孩子又是怎么理解这三个动词的意思并正确使用它们的呢？

首先，动词和句子中的名词以及场景中的人物、事物相对应。这就需要理解各个名词的功能，推测动词的意思。例如：

ojiisan-ga　　　　　　onnanoko-ni

爷爷–主格标记　　女孩–对象标记

purezento-wo　　　　age-ta.

礼物–宾格标记　　给–完整体标记

"爷爷给了女孩礼物。"

这个场景中，爷爷是 ageru 这个行为的发出者，行为作用的对象是礼物，礼物的接收方是女孩。另一个句子：

onnanoko-ga　　　　ojiisan-ni

女孩–主格标记　　爷爷–对象标记

purezento-wo　　　　mora-tta.

礼物–宾格标记　　收到–完整体标记

"女孩收到了爷爷的礼物。"

为了理解其中 morau 的意思，要先理解女孩是行为的主体，行为对象是礼物。在推测动词的意思时，句子结构是最重要的依据。听到一个句子，就要先判断谁做主语，谁做宾语，再看主语和宾语、发出行为的人、动作对象、接收事物的人之间是什么关系，如果不能理解这些，就无法推测动词的意思。

（2）"timoru 兔子"和"兔子在 timoru"

　　分析句子结构对理解动词的意思十分重要。我们进一步思考一个问题。大家都知道动词分为及物动词和不及物动词。及物动词指的是同时有主语和宾语的动词，不及物动词指的是只有主语的动词。例如，"推"就是个及物动词，同时具有推的一方和被推的一方。与之相对，"走""跑"就是不及物动词，对这类动词来讲，必须出现的名词只有主语，而没有宾语。不及物动词一般表示人或者事物自己发出的动作，而"推"这种及物动词表示某人对某事物做出的行为，需要充当主语的名词和充当宾语的名词。及物动词中也有像上文例子中出现的 ageru、morau、kureru 那样需要三个名词的动词，是及物动词中较为特殊的成员，表达的是某人将某物传递给某人的行为。句子的类型和动词的意义之间存在着一种对应关系，虽然这种对应关系并不是绝对的。了解这种对应关系可以帮助儿童猜测第一次听到的动词的意思。

例如，听到以下句子，请从下面的两幅图中选出相应的场景。

usagi-wa　　　　kuma-wo　　　　timo-tteru-yo.

兔子-话题标记　熊-宾格标记　timo-进行体-语气词

"兔子正在 timoru 熊。"

即便是两三岁的孩子都能选出左图"兔子在推熊"的场景。哪怕是很小的孩子，只要听到以下句型，就知道"A 对 B 做了 C 这个动作"。

A-ga　　　　B-wo　　　　C-shiteiru.
A–主格标记　　B–宾格标记　　C–进行体标记

毫无疑问，孩子并不明白及物动词、不及物动词这些复杂的概念。有多少个名词是动词的要素；这个动词指的是主语对宾语所做的动作，还是主语自己发出的动作。在我们头脑中，这些知识似乎是无须刻意去思考的。利用这些知识，我们可以推断一个新动词的词义。知道句子中的动词是及物动词还是不及物动词是习得动词词义的关键一步。

那么，孩子又是怎么掌握这些知识的呢？正如上文介绍的那样，句子中的名词的数目是很重要的。只有一个名词的是不及物动词，有两个及以上名词的是及物动词。但是，下面句子的主语是由两个名词构成的，却没有宾语，至少表面上是如此 [①]：

usagi-to　kuma-ga　　　timo-tteru-yo.

兔子-和　熊-主格标记　timo-进行体-语气词

"兔子和熊在 timoru。"

识别及物和不及物动词的关键是知道这个句子是既有主语又有宾语，还是只有主语，而不仅仅是去计算一个句子的名词数量。那么，有什么线索可以帮助孩子识别主语和宾语吗？例如下面的句子：

usagi-ga　　　　　　timo-tteru-yo.

兔子-主格标记　timo-进行体标记-语气词

"兔子在 timoru。"

我们可以知道 usagi 是主语。

---

① 特地加上"表面上"是有理由的，关于这点，后面再谈。

usagi-wo　　　　　　timo-tteru-yo.

兔子–宾格标记　　　timo–进行体标记–语气词

"正在 timoru 兔子。"

我们可以知道 usagi 是宾语。

请比较这两个句子。不同之处在于 usagi 之后紧跟的是 ga 还是 wo。日语中省略主语或宾语是很常见的，仅仅依据表面上出现的名词数量和语序无法准确地判断一个动词是不及物动词还是及物动词。

usagi-ga　　　　　　kuma-wo

兔子–主格标记　　　熊–宾格标记

timo-tteru-yo.

timo–进行体标记——语气词

"兔子在 timoru 熊。"

这个句子的主语在前，宾语在后，最后才是动词。

如果省略主语或者宾语中的一个，句子在形式上都是一个名词之后跟着一个动词。因此，仅仅根据语序无法判断哪个是主语，哪个是宾语。如果有 ga、wo 这些助词，就能知道前面的名词是主语还是宾语。在日语中，比起词的数目和语序，ga、wo 这样的助词才是判断不及物动词、及物动词的关键。

英语又是什么情况呢？英语本来就不能省略主语或宾语。从日本人的语感来讲，已知的主语、宾语根本没有必要特地说出来，但是在英语中都必须用 it、he（him）、she（her）等代词表达。

（3）靠助词来识别

比起名词的数量、语序，助词对识别日语动词的类型更加重要。以日语为母语的孩子对这些知识了解多少呢？为了研究这个问题，我们又进行了一个实验。

研究人员让孩子看一个视频，视频里是下页图所示场景：左边的视频里一只兔子自己在转；右边视频里兔子没有动作，而是被熊抱了起来。

以 2 岁、3 岁和 5 岁的日本孩子为实验对象，每个年龄组再分两个小组，对其中第一组的孩子说：

usagi-ga　　　　　　timo-tteru-yo.

兔子-主格标记　timo-进行体标记-语气词

"兔子在 timoru。"

对另外一半的孩子说：

usagi-wo　　　　　　timo-tteru-yo.

兔子-宾格标记　timo-进行体标记-语气词

"正在 timoru 兔子。"

　　两个句子只有 ga 和 wo 的差别，大家会觉得左图表示的是 usagi-ga，右图表示的是 usagi-wo。孩子们又会怎么看呢？

　　对 2 岁的孩子来说，不管听到上面哪个句子，都会选择兔子独自在转的左图。3 岁和 5 岁的孩子会觉得左图表示的是 usagi-ga，右图表示的是 usagi-wo。

　　2 岁的孩子会被名词的数量吸引，不去考虑助词 ga、wo。孩子到了 3 岁，就能根据助词 ga、wo 来判断兔子到底是 timoru 这个动作的发出者还是这个动作施加的对象。当孩子们听到后一个句子时，会认为 timoru 是熊对兔子施加的动作；当听到前一个句子时，会认为 timoru 是兔子自己发出的动作。

（4）如果省略了宾语

　　上面第二个句子明显是省略了主语。日语经常省略主语或宾语，因此容易产生歧义。请大家看下页的图片。如果大家听到有人说：

usagi-ga　　　　　　　timo-tteru.

兔子-主格标记　timo-进行体标记

"兔子正在 timoru。"

大家会觉得这句话是在说哪个场景呢？实际上，左右两幅图的场景都有可能，既可以理解为"兔子（自己）在 timoru"，也可以理解为"兔子在 timoru（熊）"，只不过后者省略了宾语[1]。

---

[1]　usagi-to　kuma-ga　　　　timo-tteru-yo.
　　兔子-和　熊-主格标记　timo-进行体-语气词
　　"兔子和熊在 timoru。"（转下页）

　　如果问 2 岁、3 岁和 5 岁的日本孩子这个问题，就会得到有趣的结果。2 岁和 3 岁的孩子会毫不犹豫地选择兔子独自在转的图片，而 5 岁的孩子不知道选择哪个，选择左图和右图的概率各占一半。因此，3 岁的小孩还不能意识到像这种只有主语和动词的句子其实是存在歧义的，3 岁的孩子会因为这个句子只有一个主语，就认为是兔子自己在动。当孩子到了 5 岁，就能意识到这个句子可能是省略了宾语。于是，不管是左右哪个场景都可以和句子内容相合，选哪个都行。对成年的日本人进行相同的实验，成年人和 5 岁的孩子是一样的结果。

　　上文已经提到英语几乎不能省略主语或宾语。德语也是一样。这次我们对 5 岁的德国孩子做一样的实验，只不过把句子换成德语：

　　（接上页）上文说过这个句子表面上没有宾语，实际上存在一种可能性：存在宾语，只不过被省略了而已。

Der Hase brickt[①]

然后问孩子指的是左右哪个场景。5 岁的德国孩子毫不犹豫地选择了左图，即兔子单独在转的画面。

孩子不管学习哪种语言，在 2 岁之前都把只有主语的动词当作不及物动词，同时出现主语和宾语的动词当作及物动词。因为德语的动词很少省略主语和宾语，所以德国孩子哪怕是长大后还是遵循一条单纯的规则来判断动词的及物性，就是"只出现主语的动词为不及物动词，同时出现主语和宾语的动词为及物动词"。日本孩子则需要考虑日语的特点来推测动词的词义。

但是，日本孩子听到 "usagi-ga timo-tteru"（兔子

① der 是阳性、主格定冠词，类似于英语的 the，只不过德语的名词有阴、阳、中三性，定冠词标记了名词的性和格范畴。因此，只需要根据定冠词就可以判断后面的名词 Hase（兔子）是阳性主格，brickt 和 timoru 一样是造的假词，在德语中实际上并不存在这个词。——译者注

在 timoru）这种只有主语而省略宾语的句子时，虽然无法判断动词是及物动词还是不及物动词，但是这并不意味着他们就不去猜测动词的词义了。孩子们明白句子不光有表面上出现的名词，还可能存在隐藏的名词。他们会利用其他线索来分析真正的句子结构。日常对话中可能会出现像"usagi-ga timo-tteru"（兔子在 timoru）这样的句子。仅仅依靠句子本身的信息无法判断动词是及物动词还是不及物动词，无法知道兔子是自己做了动作，还是存在动作的对象。因此，日本孩子为了搞清楚说话人的意思，需要努力分析上下文的意思。

3 "用脚扔"——动词词义一般化的问题

孩子们如果能够通过助词和语序，判断第一次听到的动词是及物动词还是不及物动词，并结合眼前的场景判断谁是主语、谁是宾语，就能说明孩子"理解"了动词的词义吗？很遗憾，并不能这么说。

第二章里，我们谈到孩子听到一个新词会去猜测这个词的含义，已知某个已有名称的事物会去猜测这个名称还能用在哪些其他事物上。当一个孩子做出这种判断时，就意味着他"理解了词义"。动词也是同样的情况。如果孩子仅仅是心里记住了动词，不能用于其他情况，就不能说"理解了动词的词义"。

那么，孩子在其他情况下正确使用动词必须知道什么知识呢？接下来讨论一下这个问题。

（1）nageru（扔）和 keru（踢）

例如，孩子看到某个女孩在扔球的场景，说："啊！女孩扔了球。"此时，"扔"是动作，"女孩"是"扔"这个动作发出者，"球"是"扔"这个动作的对象，这些信息是孩子必须知道的。仅仅靠这些信息，还没办法将"扔"迁移到其他情况上。为了将"扔"这个词用于其他情况，孩子需要知道扔的人、扔的对象是可以变的。"扔"的人不是刚才看到的女孩也没问题，孩子自己、孩子的爸爸、不认识的大叔都是可以的。被

"扔"的对象也不局限于球,可以是盘子、铅笔、橡皮、石头,等等。唯一的限制是"用手去扔"。人没办法用手把汽车扔出去,但是哥斯拉是可以的。因此,人做主语时,汽车不会是"扔"的宾语,哥斯拉做主语时就没问题。不过,推测"扔"的对象范围并没有想象中那么简单。

成为"喝"这个动词的宾语比成为"扔"的宾语的事物有更多的限制。能用来"喝"的东西有哪些呢?水、咖啡、茶、牛奶……本以为都是液体,其实还有"喝药""喝口水""喝气"①。

大家都知道英语的"喝"叫作 drink。不觉得 drink 这个动作的对象和日语的 nomu 是一样的吗?不过,英语中汤、药都不用 drink。汤用的是 eat,药用的是 take 或者 swallow。乍一看,日语的 nomu 和英语的 drink 有一样的意思,其实两个动词使用的范围并不相同。于

---

① 日语里,固体的药、咽口水也用动词 nomu(喝)。"喝气"也是用动词 nomu(喝),在日语里的意思是"受惊吓的瞬间止住了呼吸"。——译者注

是，nomu 和 drink 并非意义相同的动词。英语的 drink 的对象仅限于液体，当需要咬了再咀嚼的时候用 eat，咽下去的动作要用 swallow。与之不同的是，在日语中只要是呈液体状的，即便其中含有需要咀嚼的成分都可以用 nomu 这个动词。"咽下去"这个动作也包含在 nomu 这个动词中。日语中有"喝要求"（接受别人的委托）这种比喻的说法，这里的"喝"表示接受，这个意思也包含在 nomu 这个词里。

事物是动词的变量，一两个例子不能让婴儿明白哪些事物可以成为动词的对象。在喝牛奶的时候，对婴儿说"在喝牛奶啊"，婴儿怎么会知道不仅牛奶，在喝水、喝茶、喝汤甚至"喝药"的时候都可以使用 nomu 呢？

实际上，在特定情况下使用什么动词，你对此会有个大致的判断。但是，孩子经常错误地使用动词。例如，有个 3 岁孩子想说 keru（踢）的时候，想不起来这个词（他也许听过这个词，但是一时想不起来），就说"用脚扔"（nageru）。有一个 5 岁孩子说"牙齿踩到嘴唇了"。用脚按压某物叫作"踩","踩"最为关键的是要用脚，被按压的物体如果不是用脚，就不能用"踩"这个词。

nageru（扔）、keru 都是沿着水平方向或者向上用力，使物体移动，此时物体在空中，不久后落地。就这个意思，两个动词是一样的。只不过用手的时候叫作 nageru，用脚的时候叫作 keru[①]。

同理，fumu（踩）和 kamu（咬）也有相似的意思，都是从上方用力按压这个物体。不过，用脚的时候就叫"踩"，用牙齿的时候就叫"咬"。用身体的其他部位做同样的动作，不同的身体部位可以用同一个动词来表达。例如 tubusu（粉碎）可以用手，也可以用脚或牙齿。

我们在学习任何一种语言的时候，都会遇到类似的情况。我们可以在任何语言中看到同样的错误。例如学

---

① 用头做这个动作的时候叫什么呢？日语里貌似没有固定的说法。不过，如果是足球的话，这个动作叫什么呢？

习英语的孩子想要打开电视的时候会说"Please open the TV",仔细想想,这是一个非常"合理"的错误。汉语中相当于 open 的动词是"开","开"可以在打开电视或其他电器设备时使用。

诗人俵万智将年幼的儿子说出的话记下来,编纂为一本书,名叫《幼时的语言》。这本书里,儿子将 onbu(背孩子)叫作"背上的 dakko"(在背上抱孩子)。这真是个颇为有趣的例子。日语中 onbu(背孩子)和 dakko(双手抱孩子)尽管是两个不同的说法,翻译为英语都是 carry 的意思 [①]。

"相同"的动作用同一个动词来表示,那么什么范围内可以看作"相同的动作"?不同的语言在这个问题上会有很大的差别。一个动词的词义范围不是由这个动词自己决定的,而是由这种语言中表示类似动作的多个动词的语义关系决定的,也就是说,要看这种语言中有

---

① 非要分开翻译的话,应该分别翻译为 carry me on your back 和 carry me in your arm。一般来讲只需要翻译为 carry me 即可。

多少动词用来描述这一类行为，不同动词的语义范围的边界在哪里。

看一下上文提到的 onbu 和 dakko 的例子，日语中有好几个词表示"用手或者身体其他部位支撑物体并保持这个状态"：motu（拿）、katugu（扛）、seou（背）、obuu（背）、kataeru（怀抱）、idaku（怀抱）。英语中这些动词都叫作 carry，而汉语中有二十几个动词可以表示英语 carry 的意思。妈妈背着婴儿这个场景，以日语为母语的孩子叫作 onbu，以英语为母语的孩子叫作 carry，以汉语为母语的孩子叫作"背"。但是，这个动词能够拓展到哪些动作上？三种语言在这个问题上是完全不同的。

"用脚扔""用牙齿踩""在背上抱孩子""open the TV"这样的错误可以告诉我们：孩子们可以敏锐地意识到各种动作之间的相似性。但是，孩子认为"相似"但实际上不同的动作，在他的母语中并不总是用同一个动词表达。孩子们按照什么标准给母语中各种各样的动作分类，这些标准是必须习得的要点。为了习得这种知识，孩子们不仅要记住单个动词的词义，还需要思考这个动词和其他"相似"动词之间的关系。一个动词的词义无法通过这个词本身来理解，需要厘清这个动词和一系列近义动词之间的关系，才能像成年人那样正确地使用动词。

有趣的是，一旦儿童充分掌握了母语中的动词，他们对动作之间相似性的分析能力就会大大减弱。这种能力在成年人身上是很难看到的。我在大学课堂上问学生 nageru（扔）的近义词有哪些，没有一个学生想到 keru（踢）这个动词，也没有学生能够想到 fumu（踩）和 kamu（咬）之间存在某种联系。

（2）可别小瞧拟声词

综上所述，我们可以知道，孩子们即便知道一个动词，但是想要彻底了解这个动词的使用范围，也是很有难度的。可是，不使用动词的话，就没办法造句了。

刚刚会说话的婴儿基本上不会说完整的句子，只会蹦出一个个词。此时，蹦出来的词基本上都是名词。婴儿想要什么东西的时候，想要做什么的时候，只会说"要！""给！""吃！"这样单个的动词。2岁左右的孩子即便可以说出两个词、三个词的句子，也很少能把自己想说的内容用合适的动词表达出来。这个时期的孩子到底会怎么做呢？

以日语为母语的孩子经常把拟声词当作动词来用。例如跳过一个水坑的时候，孩子会说"诶的一下""砰咚一下"；用剪刀剪纸的时候，孩子会说"咔嚓一下"；一个东西在转的时候，孩子会说"咕噜一下"①。

不只是日本孩子会用拟声词代替动词。俄国孩子也有类似的情况。科尔涅伊·伊万诺维奇·楚科夫斯基是苏联②著名的儿童文学家，写过一部小说《二到

① 日语里除了拟声词还有拟态词，拟声词是对声音的描摹，拟态词是对事物状态的描摹，比如：看到喜欢的人很心动的样态叫dokidoki。日语的拟声词和拟态词都十分发达。——译者注

② 原书为"俄罗斯"，因为楚科夫斯基生活在苏联时期，此处译为"苏联"较妥。——译者注

五》。这本书收集了俄罗斯 2 岁到 5 岁的孩子自创的词汇[1]，体现了儿童文学家的敏锐，并配有幽默的解说，是一本十分有趣的书。这本书里介绍了俄国孩子自创的动词。

　　例如，"Alo"（喂～喂～）是俄语里接电话时说的词，相当于日语的"mosimosi"。俄国孩子给"Alo"这个词加上了动词的词尾，变成"Aliokaeto"，表示"打电话"的意思。相当于"咯咯地笑"的"咯咯"，俄语的发音是"hihi"，俄国孩子把它变为动词"hihikati"。俄语中的"喔～喔～"（公鸡报晓声）是"kukareku"，俄国孩子将它变为动词"kukarekati"。猫叫的"喵喵"在俄语中是"miau"，俄国孩子将它变为动词"miaukati"。这样的行为和日本孩子简直如出一辙。俄语不像日语一样有丰富的拟声词，尤其是成年人的俄语中几乎不使用拟声词。尽管如此，俄国孩子还是自创了拟声词，并以拟声词为基础创制了动词，

---

[1]　尽管从大人的视角来看，里面有很多内容是错误的。

真的十分有趣。

　　和名词比起来，动词的意思更加抽象，难以捕捉。仅仅通过几个用例还是很难推测这个动词的意思。即便是记住这个词的用法，在新的场景下正确地使用这个词还是很困难的。可是，没有动词就没法造句。此时，孩子就会把已知的名词、感叹词、拟声词当作动词来用。这对孩子的语言学习是非常重要的！

　　比起一般的动词，孩子们更容易从感觉上把握拟声词的词义。上文举的"扔"这样的常用动词，仔细想一下，它的意思还是非常抽象复杂的。但是像"duang 一下""砰一声"就十分具体，画面感很强。特别小的孩子很难理解什么叫"重重地放下某物"，如果说"duang 一下"，即便是小孩也能理解。在使用语义更为抽象的动词之前，先把拟声词当作动词用，对孩子来说，这是一件很重要的事情。

　　大人对小孩说话的时候，也会不由自主地改变说话的方式。我时不时会去保育园观察孩子的语言使用，经常做儿童语言实验。我发现孩子们和保育员都经常使用拟声词。保育员想要表达"包的拉链一定要拉好"这个意思时，会对孩子说"要把包包嗞啦上哦"。当保育员想要表达"把椅子拉到桌子前坐好"时，会对孩子说"要把椅子 ju 地一下哦"①。当保育员想要表达"请好好漱口"时，会对孩子说"咕噜咕噜—呸"。

　　之前介绍过一个实验，我们把一个动词的作用对象替换为别的物体，并保持动作不变。3 岁的孩子觉得这种情况下不能再用原来的动词表示。这次，我们让 3 岁的孩子看以下的视频：一瘸一拐地走路、抬头挺胸大步流星地走、踮起脚尖蹑手蹑脚地走，然后教孩子这些动作叫 timotteru、nekettoru 这样的生造的新词。然后，换一个人做出上述场景中完全相同的动作，看孩子们能不能使用原来这个动词。实验的结果是，仅仅因为做动作

---

① 日语有着比汉语丰富得多的拟声词，所以这些例子在日语里都有非常形象的拟声词可以使用，孩子、大人都会明白，而汉语缺乏如此丰富的拟声词，所以此处的翻译只能尽可能反映作者想要表达的意思，也许这些例子在中国人看来并不是很自然，但是日本人会觉得是十分自然的。——译者注

的人换了，3 岁的孩子就不认为相同的动作还能用原来
那个动词。

　　接着，我们做了另一个类似的实验，我们事先造了
一个新词，这个新词是用拟态词改造而来的。然后教另
一批 3 岁孩子这个新词。例如像相扑运动员那样手放在
膝盖上、岔开双膝向前走的动作叫 nosunosu，小碎步快
速小跑叫 tiokatioka。实验过程一样，还是换一个人做相
同的动作。这次，孩子们认为可以用这些基于拟态词改
造的新词指称不同的人做的相同动作。

　　也有读者怀疑 nosunosu 这个新造词非常接近日语
里本来就有的一个拟态词 nosinosi[①]。孩子们可能已经掌
握了 nosinosi 这个词，所以才会得到这个实验结果。为
了排除这种可能性，我们跟完全不懂日语的 3 岁英国小
孩也一起做了类似的实验。我们事先造了一个英语假
词 fepping。我们把孩子分为两组，让孩子们看一样的
视频，教其中一组孩子这些动作叫 fepping，告诉另一

---

① 　nosinosi 指的是用力很重、十分缓慢沉重的步态。——译者注

组孩子这些动作叫 doing nosunosu、doing tiokatioka。前者用的是英语假词，后者用的是假的日语拟态词。我们在英国孩子身上得到了和日本孩子几乎一样的结果，当换一个人做相同的动作（相扑式步伐）时，第一组英国孩子无法用 fepping 指称这个动作；但是第二组孩子却可以用 doing nosunosu 指称这个动作。相对来说，拟声词、拟态词的语音和意义的联系更加固定，从感觉上更容易掌握。因此，拟声词、拟态词是儿童习得动词的辅助手段，不仅仅对日本儿童如此，其他国家的儿童也是如此。

我经常看到一些育儿书上说"经常使用带有拟声词的语言对孩子说话，对孩子的语言发育不好"。可是，从语言发育的机制来看，这种观点是无稽之谈。和婴幼儿说话时，周围的成年人会不由自主地使用儿语。随着孩子慢慢长大，大人对孩子的说话方式自然就会改变。拟声词的使用方法也会发生变化。经常接触儿童的成年人会感觉到幼儿习得动词的词义十分困难，难以理解动词的含义，于是有意无意地使用拟声词，这样可以让儿童更容易理解。对孩子来讲，使用拟声词的阶段是为之后使用动词做铺垫，可以进一步帮助自己学习动词。

第四章 血压很"便宜"
——形容词、颜色词、方位词的习得

到这里，我们已经介绍了婴幼儿是如何习得名词和动词的。本章，我们讨论婴幼儿习得形容词、颜色词、方位词需要经历什么样的过程。我们首先讨论表示物体性质、人的感受（味道、手感）的形容词，然后讨论颜色词和"前""后"等方位词。

1 物体性质的名称

第二章里，我们提到 2 岁儿童将首次听到的物体名称（名词）和物体对应，非常善于判断这个词能否用于其他的物体。那么，2 岁儿童在听到"××-i/××-na+

名词"①这样的结构之后，能否像对待物体名称那样，立即将它们对应到物体的特征和属性上呢？

例如，听到"我喜欢 toma"这句话就知道 toma 是个名词，听到"我就喜欢他 timoru"这句话就知道 timoru 是个动词。那么，听到"我喜欢 rutii 东西"这句话会怎么样呢？大家应该会觉得 rutii 是个形容词②。给孩子看下页的图片，然后跟他说"这个是 ruti"，然后对孩子说"把 ruti 拿来"，孩子应该会去拿左下角的东西。

不过，如果是对孩子说"把 rutii 的东西拿来"，孩

① 日语有两类形容词，传统日语语法上一类以 -i 结尾叫作"形容词"，如"yo-i（好）、sugo-i（厉害）"；另一类在修饰后面的名词时的词尾为 -na，叫"形容动词"，如"nigiyaka-na（热闹的）mati（街道）"。文中"××"表示的是形容词和形容动词的词干。——译者注

② 日语的形容词修饰名词不需要像汉语那样加入"的"，比如汉语"美丽的女孩"，日语叫"utukusii（美丽的）-onnanoko（女孩）"，形容词和名词之间没有其他成分。因此，"我喜欢 rutii 东西"这句话，虽然在汉语中不合语法，但是在日语中是成立的，而且日本人一定会认为前面的 rutii 是个形容词。——译者注

rutii的东西是哪个?

子应该会拿右下角的东西。这个选择背后隐藏着什么样的知识呢?

（1）看透本质

孩子可以敏锐地观察事物的特征。跟孩子玩一个分类游戏，让孩子给各种事物分类，会发现他们往往不是按事物的类型分类，而是按事物的特征来分类，比如"红色物体"一类、"有条纹的物体"一类。不过，和名词相比，孩子学会形容词是比较晚的。1—2岁的孩子说的话中，名词占一半以上，但是形容词不超过10%。

在以英语为母语的孩子身上做实验，结果表明 14 个月大的婴儿就可以依据词的形态区分形容词和名词。可是，当我们教 4 岁孩子一个新的形容词时，告诉他这个形容词表示某个特征（如颜色、花纹、手感），然后在他面前展示不同类型的物品，我们发现 4 岁孩子并不能立刻用刚才的形容词来描述眼前物品的特征。

以 4 岁的孩子为实验对象，用手指着孩子们很熟悉的事物①，说"rutii mono（东西）"。儿童会把"rutii"这个词对应到这个事物最引人注目的特征上。然后，向孩子展示具有相同特征的其他事物。哪怕是完全不同类的事物，只要带有这个特征就行。孩子可以说这个东西是"rutii mono"。不过，只要不知道这个事物本身的名称，不管这个特征多么引人注目，"rutii"这个词也无法和事物的特征很好地联系在一起。4 岁左右的孩子习得形容词有一个前提条件：孩子必须事先知道具有这种特

---

① 孩子们很熟悉这个事物，所以知道这个事物的名称，这一点十分
　关键。——译者注

征的事物的名称。

事物性质的名称在日语里就是形容词和形容动词①。儿童习得形容词的过程中会存在一些独特的问题。

形容词是事物性质的名称，孩子们会发现它经常和事物一起出现。但是，形容词并非仅仅指特定事物的性质，还可以和特定事物分离，指称各种各样的事物共享的属性。从之前习得动词上，我们已经可以看到，对孩子来讲，将性质和特定事物分开并不是一件容易的事情。

形容词不仅表示颜色、花纹、手感等事物的性质，还包括表达感情、味觉等人的感受，例如"开心""悲伤""快乐""好吃""难吃"等。这些词因为指的是眼睛看不见的东西，学习起来就更加困难了。不过，感情、味觉还是可以直接去感受的，一般孩子都是体验这些感受的时候才会听到这样的词。例如，孩子在吃好吃的小点心的时候，妈妈会说："好吃吗？挺好吃的吧！"我们

---

① 下文将两类统称为"形容词"。

可以想象，这样的词反而很容易习得吧。

儿童在学习表示事物属性的形容词时，首先需要识别眼前物体的特征。这是儿童直接面对的第一个问题。事物是由各种各样的特征构成的，有形状、颜色、花纹、手感、重量等。

（2）比较的标准是相对的

另一个问题是，很多形容词具有相对的词义，而不具备绝对的词义。例如"个子很高"这句话说的是相对于参照物某个人的个子高。妈妈比孩子个子高，但是比爸爸个子矮。东京塔① 比自己住的公寓高，但是比东京晴空塔② 低。妈妈比爸爸年轻，但是比自己要年长。同样的事物是通过比较的对象来论大小、高低、新旧的，这对年幼的孩子来讲是很难理解的。

---

① 东京塔是以前东京的地标性建筑，高 333 米，1958 年竣工，曾经是东京的最高建筑。——译者注

② 东京晴空塔是东京的最高建筑，2012 年竣工，高 634 米。——译者注

此外，这种比较的对象在话语中可能并不明确说出来，而是一种群体共享的隐性社会文化。例如，身高180厘米的日本男性可以称为"个子高"，在北欧的话可能就不能说他"个子高"。孩子的身高也是一样的，A作为3岁小孩"个子很高"，和5岁的哥哥比就是"个子矮"了。如果有人对A说"小A的个子很高啊！"，那么这个人是以什么样的人群为比较标准说出"个子高"这句话的就不得而知了，因为我们并不知道这个人说这句话的意图。

（3）反义词会因相邻的名词而变

对孩子来说，接下来要提及的内容可能对孩子习得形容词来说是更大的麻烦。一个形容词的反义词是什么，这就要看这个形容词形容什么事物，以及是在什么状况下使用这个形容词。例如"高"这个形容词，个子高的"高"的反义词是"矮"，可是血压高的"高"的反义词是"低"，而不是"矮"。日语里个子高的"高"的反义词是"hikui"（低），血压高的"高"的反义词是

"hikui"，温度高的"高"的反义词也是"hikui"，但是价格高的"高"的反义词是"yasui"（价格低、价格便宜）。

机缘巧合，我收到过一本书，书名叫《喂～喂～你知道吗？》（原文书名为"ねえねえ　あのね"，会津美里町立本乡幼稚园·保育所编）。会津[①]的一家保育园把孩子们说出的有趣的话收集起来，然后出版了这本书。书里提到 3 岁孩子会说"外婆的血压高，妈妈的血压便宜（yasui）"。"血压便宜（yasui）"这种说法在日语里是十分奇怪的，从成年人的角度来看肯定是错的，但是道理上说得通。英语说"价格低"的"低"，和地位、血压、温度低的说法一样，都用 low。

事物的高度、价格，人的地位、血压都是不同的属性，为什么大家都用"高"这个词呢？尤其是价格、地位、血压、温度，实际上是看不出"高度"的，为什么要用"高"这个词呢？价格高、地位高、血压高、温度高，这些说法的意思其实说的是"程度甚"。那为什么

---

① 会津是日本的地名，位于日本福岛县。——译者注

不说"价格甚",或者"价格大""价格多""价格广""价格长"呢?真是不可思议。

日语里说"重病",而不说"重雨""重风"。大家都觉得这是理所应当的。仔细一想,真是奇怪。实际上,英语中把"大雨"叫作 heavy rain,"强风"叫作 heavy wind。

想要表达自己对某人的"感情"或"敬意"时,我们会用"很深的感情""深深的敬意"这样的说法。与"感情"相关的说法还有"强烈的感情"。不过,没有"强烈的敬意"这种说法。那为什么没有"很高的感情""很重的感情""很重的敬意"这些说法呢?

我们再来思考一下"katai"(硬)这个词,它可以形容各种事物或者状况。"硬的(katai)面包""牢固的(katai)联系""不灵活的(katai)头脑""紧密的(katai)感情"①。这些 katai 都是一个意思吗?"硬

---

① 这些说法在日语里都可以用形容词 katai,其基本的意思是"硬"。——译者注

的（katai）面包"的反义说法是"软的面包"，"牢固的（katai）联系"的反义说法肯定不是"软的联系"，而是"松散的联系"。"紧密的（katai）感情"的反义说法肯定不是"柔软的感情"，而应该是"脆弱的感情"才对。

　　英语中相当于日语 katai 的词是什么呢？立刻想到的应该是 hard 这个词。不过，如果查一下词典的话，会发现英语的 hard 和日语的 katai 的很多用法都不同。hard bread 相当于日语"硬的面包"，hard problem 意思是难题，而不是"硬"的问题。hard person 并不是"死脑筋的人"的意思，一般指的是"难缠的人"。从反义词的角度来看，hard bread 的反义说法是 soft bread，hard problem 的反义说法不是 soft problem，而应该是 easy problem，hard person 的反义说法不是 soft person，而是 easy person。也有 hard evidence 这个说法，指的是非常强有力的证据，其反义词不是 soft evidence 或 easy evidence，而是 weak evidence①。

---

① 日语里可以说"强证据""弱证据"，但是不说"硬证据"。

（4）各种各样的反义词

大多数有反义词的形容词都是常见的概念特征，在日常生活中用得十分频繁。所谓概念特征，指的是大小、多少、强弱这样的性质。大多数语言都有"重-轻""深-浅""高-低""广-狭""长-短""厚-薄"等成对的形容词。这些成对的形容词，前一个词表示 more，后一个表示 less。

我们已经说过，婴儿在习得语言的时候，必须从某个或数量极为有限的用例中，推断出这个词还可以用来指称哪些事物。从这个观点来看，儿童习得形容词真是不容易啊。听到"那个人个子好高啊！""那个人个子好矮啊！"这样的话，可能会觉得"高"指的是量多，"矮"指的是量少。听到"他变高了"这句话，就必须注意到这次说的是更大的量，而不仅仅是"高"。听到"手臂很长"这句话，就必须思考"高"和"长"之间有什么不同。即便能理解"高"指的是垂直方向的量很"大"，"长"指的是水平方向的量很"大"，在听到"游泳池到这里就开始变深了"这句话时就会觉得困惑，因为"深"指的也是垂直方向的量很"大"。

《语言的诞生》这本书里提到，接近 4 岁的孩子会有一些形容词的有趣用法：

妈妈："三个和四个，哪个更多？"
孩子："三个更薄。"

尽管妈妈问孩子的是"哪个更多"，这个孩子却用"薄"这个词来回答。这个例子说明这个孩子即使知道很多程度高和低的词，但还是没有在脑子里理清楚什么时候用哪个词。

这本书里还提到一个例子，一个 2 岁的女孩子对妈妈说："因为冷，要脱掉外套"。实际上，她想说的是热。这个孩子虽然知道"冷"和"热"指的都是身体感受到的温度，但是没搞清楚哪个表示量大，哪个表示量小。

形容词不仅用来描述我们实际能看到的东西，而且还用来描述我们看不到的各种事物。"高-低""长-

短""重-轻""深-浅""广-狭""强-弱"这些词可以用来形容风雨、价格、感情、成绩等日常生活中的各类事态。理论上讲，从量大的一端来形容某个事态，我觉得用"高""长""重""深""广""强"中的任何一个都没什么问题。可是，实际上日语形容价格的时候不能用"重""长""广""深"，形容尊敬的程度或开心、悲伤的程度时不能使用"重""高""长""广"。对一个个名词来说，能搭配哪些形容词，不能搭配哪些形容词，只能是因词而论。日本人会觉得"价格低（hikui）"这种说法有点奇怪[①]，但是听到"某公司把某产品的价格设定得很低"，这个时候就觉得没问题。名词和形容词能否搭配，形容词的词义只是其中一个条件。

　　婴幼儿和成年人相比缺乏语言经验，但是在积累充分的经验之前，还是可以使用形容词的[②]，孩子会以自

[①]　日语里"价格低"要用形容词"yasui"，可以译为"便宜"。——译者注

[②]　充分的经验指的是孩子把日常使用的名词和形容词的搭配全部听过一遍。

己的方式从有限的用例中分析出形容词的词义，然后使用这个形容词。上文所举的语言误用的例子体现了孩子在各个语言发展阶段对形容词的理解，对科研来讲是很有意义的。

（5）在语言发展的背景下看形容词的习得

那么，在语言发展的不同阶段，孩子是怎么习得形容词词义的呢？

很遗憾，以儿童习得形容词的发展过程为研究对象的纵向研究[①]很少，我们只能拼凑零散的信息来推测这个过程。孩子最早可能是通过词在句子中出现的位置来判断一个词的词性，然后逐渐意识到有些词是描述事物的性质和特点的，这些词也就是我们所说的形容词。

有意思的是，日语中表达感情、手和嘴的触感、

---

① "纵向研究"指的是长期对相同变量的重复观测，比如长期对同一群儿童做跟踪性质的观察和实验。与纵向研究相对的实验设计叫"横断面研究"，指的是对对象做某一时间点上的研究。——译者注

疼痛的词很多都是拟态词。例如，"iraira"（火辣辣）、"ukiuki"（喜悦并兴奋的样子）、"sarasara"（干爽不黏湿的样子）、"betabeta"（黏糊糊）、"zukizuki"（持续而抽动的疼痛）。第三章里提到拟声词、拟态词对儿童习得动词很有帮助。其实，对习得形容词也很有帮助。

形容词表示的是"大—小""重—轻""深—浅"等成对的概念，学会熟练恰当地使用形容词其实是很费时间的。孩子要习得形容词的词义，首先需要意识到大小、多少、强弱存在"量的相对性"。在表述名词性质的大小时，记住应该使用哪些形容词。例如，要描述气温的话，会说"热""冷"，形容洗澡水的温度会说"热""温"，形容价格会说"贵""便宜"，形容个子会说"高""矮"等。此时，儿童不会特地去思考它们之间的对应关系，只是在大脑中记住这些用法，而且是先记住"高-低"这种成对的形容词和名词的搭配关系，暂且不去管哪个表示量大，哪个表示量小。所以在习得形容词的初期，儿童往往会把量大和量小的两个词弄反，比如上文提到过"因为冷脱掉外套""三个比四个更薄"这样的错误用例。

将成对的形容词储存在词库中，孩子会分析这些成对形容词的共性。最早，儿童只是知道"表达各种性质的大小、强弱的词"，现在能够记住成对的词具体是什么，还能够意识到成对的词之间的语义共性。比如日本孩子会意识到"高"表达的是量大，表达它的反面有时是"低"，有时是"便宜"。于是，孩子会梳理这些词之间的关系。这个时候就不会再出现"血压很便宜"这种成年人看来不正确的用法了。

这种"错误"的用例可以告诉我们孩子是如何把已经知道的词联系在一起的，儿童对语言的误用正是他们在积极地分析词义的体现。等孩子再大一点，就会听到大量的成对的形容词和名词的搭配方式，到那时，孩子们就不会再犯错了。

2　颜色的名称

接下来，我们讨论一下颜色的名称。

　　颜色名称的词性是什么？英语里不管什么颜色的词都是形容词，日语里又是什么情况呢？"akai"（红）、"shiroi"（白）、"aoi"（蓝）、"kuroi"（黑）、"kiiroi"（黄）、"tiairoi"（棕）都是以形容词词尾 -i 结尾，按照形容词的用法来用，后面可以直接接名词，比如"×-i- 花"（× 色的花）。不过，"midori"（绿）、"murasaki"（紫）、"haiiro"（灰）、"momoiro"（粉）等颜色又是什么词性呢？"midori-i- 花"这样的说法是错误的，也不能说"midori-na- 花"①，所以这个词既不是形容词也不是形容动词。我们必须说"midoriiro（绿色）/haiiro（灰色）/momoiro（粉色）/murasakiiro（紫色）-no-hana

---

① 之前我们已经提到过日语有两类形容词，一类以 -i 结尾，可以直接修饰名词，如"akai（红）hana（花）"（红色的花）；一类叫形容动词，和修饰的名词之间用 na 连接，如："nigiyaka（热闹）-na-mati（街道）"（热闹的街道）。此处作者在看日语的"midori"（绿）这个颜色词到底是什么词性。方法就是看这个词能不能像形容词或形容动词那样使用，如果可以，那这个词就是形容词或形容动词，如果不可以那就一定是其他的词性。——译者注

（花）"①，因此这些词都是名词。同样是颜色词，有些是形容词，有些是名词，真是不可思议啊！

（1）"aoi（蓝）-kaban（包）"和"murasaki（紫）-no-kaban（包）"

为什么会产生这种不规则的情况？著名的日语学者大野晋先生从日语史的角度给出了答案。根据《大野晋的日语讲座》，古代日语中的颜色名称只有 aka（红）、ao（蓝）、kuro（黑）、shiro（白）这四个，加上表示状态的词尾 -si 来使用，即 aka-si（红的）、ao-si（蓝的）等。

后来产生了"midori"（绿）和"murasaki"（紫）等词。在此之后，又加上了"-iro"（-色）组成类似"momoiro"（桃色）、"tiairo"（棕色）来使用。产生这些词的年代不使用 -si 而是使用 -nari 作为表状态的词

---

① 日语里一个名词修饰另一个名词之间要加 no。这里可以看到这些形容词都是遵循名词的用法。——译者注

尾，所以不是"midori-si"，而是"midori-nari"。而"aka-si""ao-si"发生了语音变化，形容词尾 -si 变为了 -i，所以变为"aka-i""ao-i"。

这种词形和词义对应关系的不规则性对儿童习得语言来说是一个障碍。不过，以英语为母语的儿童和以日语为母语的儿童在习得颜色词的时间先后上没有太大的差异，不规则性好像也没造成太大的影响。

第一章里，我们提到从语流中切分出词语的过程中，不满 1 岁的婴儿能迅速发现语音中的各种规律，并利用这种规律识别新词。同时，婴儿也能很好地应对一些例外。婴儿在习得语义时也是一样的。尽管词形、句型的模式和语义之间的对应关系不甚完美，但还是很规则的，婴儿能利用这些对应规则迅速识别新词并猜测新词的词义。可是，语言中经常出现例外，任何语言中都不存在形式和语义之间完美的对应关系。孩子们很擅长应对语言中出现的例外。

然而，孩子们在习得颜色词时，会发现很难将具体的颜色和特定的颜色词对应起来。孩子们其实很擅长区分不同的颜色，给他们看红色的积木，然后说："请找出颜色相同的积木。"孩子们可以很快地找出其他的红色积木。不过，问孩子们："这是什么颜色？"他们要么什么都说不出来，要么就回答"白色"等完全不对的颜色。如果接着问："知道红色这个词吗？"孩子们会回答："知道。"这种情况经常发生。上面的实验告诉我们一个现象：儿童只是记住了一块积木或者一辆玩具车的颜色是"红色"，并不能像成年人一样说出物体的颜色名称。

（2）不同语言对颜色有不同的命名方式

颜色并不是绝对的物理量。物体受到光的照射产生反射，此时，波长和物体特性相应的那部分光线被物体反射。这种反射光传到人眼中，经过大脑的处理，就产生了色觉，因此我们就察觉到了这个物体的颜色。进入眼睛的光的波长不同，我们感受到的颜色也就不同。

换句话说，光本身并没有颜色属性，而是大脑接受不同波长的光才产生了色觉，是大脑在创造颜色。因此，我们感受到的颜色是连续变化的，并不是天然就存在一个个范畴。不过，语言会将这个连续体切分为红、蓝、绿、紫等范畴。切分范畴的方式并不绝对。实际上，不同语言的颜色词对光谱的切分方式是很不一样的。

例如，非洲的丹尼族（Dani）的语言只有两个颜色词，把暖色系的颜色都叫作"白"，把冷色系的颜色都叫作"黑"。因此，他们语言中所说的"黑"比日语中的"黑"所指的颜色范围要广得多，包含了很多冷色系的颜色。塔斯马尼亚人的语言中的"黑"和日语的"黑"也有很大的差别，只不过和丹尼族相反，塔斯马尼亚语对颜色似乎十分"敏感"，乌鸦的黑色、泥土的黑色、碳化的萎叶和橄榄油混合物的"黑"都有不同的名称。这些颜色在日本人看来差不多都是"黑色"，不会用不同的颜色词来表示。

日语和英语的颜色词十分类似。日语中能区分的颜色在英语中也能区分，因此日语颜色词有一一对应的英语词。因此，我们总觉得只要查一下英语词典总能够找到和日语颜色词完美对应的英语词。其实，日语和英语对光谱的切分方式并非完全一致，例如：日本人称为"usutiairo"（薄茶色）的颜色[①]，对英语为母语的人来说，他们会认为这个颜色接近 orange 而不是接近 brown。

我住在美国的时候，朋友养了一只猫。这只猫在我看来怎么着都是"薄茶色"的。可是，我的美国朋友总是叫这只猫 orange cat。参考铃木孝夫先生所著《日语和外语》，我们日本人绝对不会认为茶色信封的颜色是"黄色"，而法国人把这种信封叫"黄色信封"。

总之，不同语言的颜色词切分连续的光谱的方式不尽相同。就算不同语言都切分为相同数目的范畴，颜色词所代表的颜色的范围也会不同。

---

① 日语的"薄茶色"对应颜色的编码是 #C5956B，感兴趣的读者可以搜索试试。——译者注

（3）自己制作颜色地图

习得颜色词就是在连续的光谱上用自己的语言分割出不同的范畴，相当于学习用自己的语言制作一幅颜色空间的地图。

当然，孩子不可能一开始就拿着一张画好的颜色地图，一下子就学会 10 个以上的颜色词。就像西红柿的颜色是红色，草莓的颜色也是红色，消防车的颜色也是红色，今天穿的 T 恤也是红色，实际上颜色稍有差异，但都可以称为"红色"。如果在此基础上，加上一点白色，就变成"粉色"，加上黄色就变成"橙色"。儿童必须慢慢记住一个颜色词和其他颜色词的范畴边界在哪里。这么说来，习得颜色词绝非易事。我们可以想象，这对婴幼儿来讲有多难。

实际上，可以用实验来证明这一点。有个美国学者教刚满 2 岁的孩子 red、green、yellow 三个颜色词，这些孩子之前并不知道颜色词是什么。这位学者给孩子看各种红色的事物，问孩子事物的颜色是什么。如果孩子没有回答或回答错误，这位学者就告诉孩子这是 red，并要求他重复。在看到各种红色、绿色的物体时，大部分孩子要重复 800 次左右才能全部回答正确。有报告称孩子要准确地区分使用 red、green、yellow 这些词，必须反复训练 1000 次左右。有意思的是，只要儿童记住几个颜色词，再去学习新的颜色词就会变得十分简单。最终他们会记住日常使用的所有颜色词，并像成年人一样使用。这个过程需要半年的时间。

有本书记录了一个现象，儿童会把"群青色"[①]叫作"大蓝色"。蓝色和群青色是连续分布的颜色，可以认为群青色是蓝色的一部分。可是，儿童在使用形容词的方面存在困难，于是想要表达"浓"（群青色是更浓的蓝色），却使用了"大"这个形容词。

从这样的错误用例中，我们可以知道儿童在听到红、蓝、白、黑、黄这样的颜色词时，先是粗略地把它们都理解为"表示颜色的词"，此时可能会把各种

[①]　群青色的颜色编码是 #465DAA，不妨检索一下看看是什么颜色。——译者注

颜色词当作可以互换名称的同义词。之后，孩子们才逐渐梳理出每个颜色词对应于整个颜色地图的哪个部分。

3　表示位置关系的词

大家每天都在使用"前、后、左、右"这样的词。大家有没有考虑过这些词表达的是什么意思？接下来，我们以"前"和"后"为例讨论一下方位词的词义。

（1）哪个邮筒在熊的雕像前——所谓的"前"是以什么为基准的

"从这里可以看到右前方的东京晴空塔"，听到这句话，听者一般会怎么理解？你可能认为右前方指的是你自己的右前方。不过，电车上和你面对面坐着的人说："啊！右边可以看到富士山呢"，你会朝哪一侧的窗户看呢？是你的右边，还是对面的人的右边？

如下页图，有人跟你说："从这里直走有个广场，

那里有一棵很大的圣诞树，树前有个邮筒"，此时你会怎么理解呢？如果你是日本人，你大概会认为邮筒位于圣诞树和你之间，即在靠近你行走方向的路边。

如果有人对你说："从这里直走，广场上有个很大的熊的雕像，雕像前有个邮筒"，熊的雕像是像上图中那样背对你立着的。这种情况下，对你来说，邮箱应该位于广场另一侧吧。

这两种状况下，你是否注意到，你在判断"前"这个词的时候采用了不同的视角。当广场上是圣诞树的情况下，"前"指的不是圣诞树的前面，而是以你自己为基准，位于自己前进方向的前面。当广场上是熊的雕像的时候，很多人会认为"前"指的是熊的雕像朝向的方向。

（2）"前"这个词有两个视角

"前"和"后"有两个视角。一个视角是以说话者自己为中心，根据自己和参照点之间的关系来判断对象的位置，这叫"自我依存框架"；另一个视角是以参照点的正面为中心来决定对象的位置关系，这叫"参照点固有框架"。在参照点固有框架中，"前方"和说话者的视角无关，是由参照点的朝向决定的。

参照点固有框架中，如果参照点没有正面就无法作出判断。当以树木、山这些没有正面的事物为参照点的时候，就只能按照"自我依存框架"来判断。可是，当参照点存在正面时，人们就一定采用参照点固有框架吗？

为了研究这个问题，我又做了一个实验。像下页的

插图那样，说话者面对参照物。需要描述对象位于图中
A、B、C、D 哪个位置。

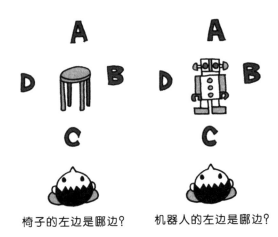

椅子的左边是哪边？　　　　机器人的左边是哪边？

　　我们准备了三种类型的参照物，并分别询问不同
情况下，一个对象（比如一个球）在参照物的前、后、
左、右哪个方向？

　　首先，第一个参照物是圆形椅子。圆形椅子无所谓
哪个方向叫正面。实验在电脑上进行，屏幕上会出现
"花瓶在圆形椅子的 ××" 这样的提示，×× 位置需要
从"前、后、左、右"的选项中选择合适的词语填入。

这种情况下，几乎所有被试都认为 C 是前、A 是后、B 是右、D 是左。

接下来，以机器人为参照物，机器人和被试面对面，电脑屏幕上给出类似的提示，然后选择"前""后""左""右"。这种情况下，被试不管是在自我依存框架中思考这个问题，还是在参照物固有框架中思考这个问题，都认为"前"是 C，"后"是 A。不过，两个框架下，哪边是"右"、哪边是"左"是正好相反的。按照自我依存框架，B 是"右"；按照参照物固有框架，D 是"右"。结果，60% 的被试采用了参照物固有框架，剩下的 40% 的被试采用了自我依存框架。

站在说话者的视角，这次我们把机器人朝向侧面，如果是采用自我依存框架，结果将和机器人的朝向无关，会得到和圆形椅子一样的结果。如果是采用参照物固有框架，前后左右就会和刚才的情况完全不同。如果机器人面朝右，从被试的角度来看，机器人的右边就是自己的"前面"，而机器人的前面就是自己的"右边"。这次实验中，按照参照物固有框架作出判断的人大大增加了，占了80%。

接下来，我们以电视机为参照物，电视机和说话者面对面。此时，60%的人采用了自我依存框架。这与参照物是机器人时所采取的框架正好相反。

这个实验表明，日语母语者即使在参照物存在正面的情况下，也并不总是采用参照物固有框架作方位判断。事实证明，被试采取的是以自己为中心的视角，还是以参照物正面为中心的视角，会因参照物的朝向和参照物的种类而变。机器人、人、动物并不是总是和说话者面对面，而是自己会改变朝向，所以参照物的前方很容易成为视角的中心。与之相对，因为电视机、电脑在使用的时候始终是面对着自己，说话者多采用自己为中心的视角。此外，事物是面对自己（说话者），还是面向侧面，还是和自己面向同一个方向，所采取的视角会发生变化。

当像圆形椅子这样没有正面的事物作为参照物的时候，日本的成年人100%会认为事物和自己之间位置叫"前"，而事物的另一面叫"后"。

（3）习得"前、后、左、右"的词义

到这里，我们已经发现像"前""后"这种日常生活中觉得司空见惯的词，其实也有非常复杂的词义。那么，孩子最早采用的是自我依存框架还是参照物固有框架呢？

虽然有点啰嗦，有些地方还是想提醒大家注意一下。所谓"自己的前面"，指的是说话者以自己为参照物，用自己的正面（即以脸的方向为基准）来判断对象的位置。因此，这不是自我依存框架，而是参照物固有框架。所谓"自我依存框架"，指的是以自己之外的参照物为中心，却不采用参照物的正面，而是以自己的视角为中心来定义参照物的正面。用前面机器人的例子来说明，当机器人和自己面对面的时候，告诉你"请在机器人的左边放一个杯子"，如果在机器人的左手方向（即自己的右手方向）放置杯子，则说明采用的是参照物固有框架。如果在自己的左手方（即机器人的右手方）放置杯子，则说明采用的是自我依存框架。

对于没有正面的参照物，文化差异会影响我们的判

断。正如刚才的实验结果那样，日本人基本上都认为，"圆形椅子前的杯子"是在"从椅子的视角来看朝向自己的这一面"（即插图中 C 的位置）。潜意识里，我们好像觉得椅子在和我们面对面"坐着"。但是，在某些文化环境中，有的人会认为没有正面的事物的"前方"是这个事物的背面（即对说话者而言的远的一面，即图中 A 的位置）。非洲的豪萨族就是这样。豪萨语会假定没有正面的参照物与说话者朝着同一个方向，仿佛参照物在前、说话人在后，排成了一列纵队。

因此，使用"前"这个词的时候存在两个视角。我们必须知道什么情况下倾向于何种视角。如果不能确定自己和听者①共享一套视角，就会产生可怕的误会。此外，就像刚才举的日语和豪萨语的例子，视角会因语言和文化而异，所以孩子需要学习母语的文化。

那么，几岁的孩子才能很好地理解并使用"前""后"呢？孩子们又是如何记住这些知识的呢？

---

① 当自己是听者的时候，就是听者和说话人。

有个美国学者做了一个实验，研究了以英语为母语的 2—3 岁的美国孩子是如何理解"前"这个词的意思的。由于这个实验只研究两三岁的孩子，所以我的研究室以更大一点的 4—5 岁的日本孩子为对象，进行了相同的实验。实验步骤如下：

a. 在自己的"前面"（front）、"后面"（back）、"侧面"（side）放置玩偶；

b. 递给孩子一台电话机（即有正面的物体），让他摸一摸它的"前面"和"后面"；

c. 把电话机放在桌子上。递给孩子一个玩偶，让孩子把玩偶放在电话机的"前""后""侧面""左""右"；

d. 桌子上放着杯子这样没有正面的物体。递给孩子一个和上一步中相同的玩偶，让孩子把玩偶放在物体的"前""后""侧面""左""右"。

将美国孩子和日本孩子的实验结果合在一起，可以得到以下结论。

2—2.5 岁的孩子可以理解自己身体的前和后。要到 3 岁左右才能理解有正面的物体的前和后。对 3.5—4 岁的孩子说："在玩偶的前面放一个球。"孩子始终会把球放在玩偶的正面，开始能够使用参照物固有框架了。但是，不管玩偶是什么朝向，几乎没有 3 岁的孩子能够以玩偶为中心，把球放在玩偶的"左""右"位置。对 4.5—5 岁的孩子来说，在玩偶朝向侧面或和自己朝向同一面的时候，能够以玩偶为中心把球放置在它的"左""右"的增加了不少。但是，因为自我依存框架更为强势，参照物一旦和自己面对面，就只能采取以自己为中心的视角了。比如，对孩子说"放在机器人的左边"，几乎没有孩子把球放在机器人的左侧（即自己的右侧），总是放在自己的左边。而 40% 的成年人会把球放在机器人的左边。

对于没有正面的参照物，采用自我依存框架把东西放在对象的"前""后"是最晚习得的。儿童必须考虑没有正面的参照物应该朝向哪个方向 ①，这是十分困难的。文化差异会影响参照物朝向的设定。对孩子来说，他们更容易认为参照物是和自己一样的朝向，这种情况叫作"整列模型"，与之相反的叫作"对向模型"。"整列模型"认为参照物的左和右和自己的左和右是相同的，而"对向模型"认为参照物的左和右和自己的左和右是相反的。因此，对向模型对孩子来讲是更难的。

　　另一个有意思的现象是，4 岁以下的孩子经常把前后搞混，就像小孩子会把"热"和"冷"搞混一样，孩子最早会把"前"和"后"看作具有相近意思的近义词，"左"和"右"比"前"和"后"更容易搞混。给我 4 岁的外甥做视力检查就很难。做视力检查的时候，是看 C 字表的开口朝向哪里，是朝上、朝下，还是朝左、朝右。我的外甥经常分不清"左"和"右"，但是做视力检查的时候就必须用到"左"（hidari）和"右"

---

①　没有正面的参照物朝向自己？还是和自己同一个方向？还是朝向侧面？

（migi）。当他分不清的时候，就会说"朝侧面"（yoko），医生说："不能说朝侧面，要告诉我是朝左还是朝右。"外甥回答："midari！"很显然，外甥所说的midari是他自创的，是把"左"（hidari）和"右"（migi）拼合起来构成的词。医生和护士知道小孩子很难分清楚左右，所以在给小孩检查视力时会用小孩专用的检查方法。

（4）"前后左右"和"东西南北"

"前后左右"是以说话者和参照点为基准表达的相对位置关系。与之不同的是"东南西北"，它们和说话者的视角、位置无关，是绝对方位。"从这里经246国道向东开20公里就是A市"，我们会像这样使用"东西南北"表达位置关系。不过，当表达身边事物之间的位置关系时，"前后左右"比"东西南北"用得更多。普通人走进建筑就很难判断哪个方向是"东"。

在相对框架中，转身180度，左右就颠倒过来了；而绝对框架中，转身180度，东方还是东方，不会发生变化。事实上，世界上很多语言都没有"前后左右"这种说话人视角的方位词。其中大部分语言只有"东西南北"这样没有特定视角的表达方式。日语、英语虽然有"向东走 100 米"这种绝对方位的表达，但是更多的是"前后左右"这种相对位置的表达方式。因此，像日语、英语这样的语言叫"相对框架语言"，而以"东西南北"表达绝对位置关系的语言叫"绝对框架语言"。

如果先让"相对框架语言"和"绝对框架语言"的说话者观察排列在一起的多个事物，然后让他们转过身来面对另一个方向，并让他们按照之前的顺序重新排列这些事物，他们会怎么做？为了研究这个问题，荷兰和德国的研究团队做了一个实验。参加实验的是荷兰人以及非洲纳米比亚的海科姆（Haikom）部族。荷兰语是相对框架语言，海科姆语是绝对框架语言。

实验桌上有一排倒扣的杯子，把一颗糖果藏在某个杯子底下，然后 180 度转身也有一个实验桌，上面同样倒扣着一排杯子，研究人员对被试说："和之前的桌子同样的位置的杯子下也有一颗糖果，请把它找出来。"

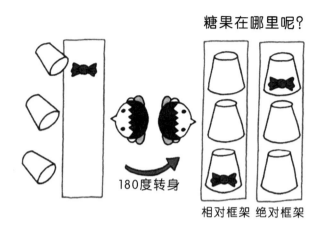

如果被试的母语是像日语、荷兰语这种以相对框架为主的语言，他会以自己为中心，翻开之前桌子相对位置的杯子。因为被试转身了180度，从绝对客观的视角来看，他会认为藏有糖果的杯子应该位于前一个桌子的相反位置。如果被试的语言是像海科姆语那样的绝对框架语言，即使转身了180度，从绝对客观的视角来看，他会认为藏有糖果的杯子位于前一个桌子的相同位置。换言之，以自己为中心的视角下，左右顺序现在颠倒了。

那么，孩子是更容易采取相对框架还是绝对框架呢？

　　7 岁孩子会和成年人有一样的反应。荷兰孩子会以自己为中心，翻开相反位置的杯子，而海科姆族的孩子会翻开绝对客观视角下相同位置的杯子。

　　有意思的是，不管说什么语言，4 岁的孩子都会采取绝对框架。研究者又做了一次相同的实验，只不过改变了程序，实验对象是大猩猩、黑猩猩和红毛猩猩。三种猩猩都跟 4 岁人类小孩一样采取绝对框架。

　　儿童在习得"左""右"这样的词语时，和大猩猩、黑猩猩、红毛猩猩一样采用绝对框架。从这一点推断，很小的孩子采取的也应该是绝对框架。那么，相对框架下的"前后左右"对孩子来讲难度是更大的。

　　相对框架存在一定的歧义，视角不同，结果就不同。绝对框架的优点是没有这种歧义。既然这样，那为什么以日语、荷兰语、英语为代表的大多数语言会产生基于相对框架的方位词，并以相对框架为主要表达手段呢？可能是因为一个人如果采取绝对框架，无论身在何处都必须准确地知道"东南西北"在哪里，这不是一件容易的事情。人们离开自己的居住区域，到陌生的地方旅行，尤其人在室内的时候，想要准确地把握绝对方位是十分困难的，所以才会偏好相对框架下的方位词。

　　不管自己的母语是相对框架还是绝对框架，习得方位词对孩子们来讲是很有难度的，但他们最终都会在自己母语的框架内自由地使用方位词。

4　小结——不明白整体的面貌就学不会词义

　　本章介绍了孩子们如何习得表达事物性质的词（尤其是有反义词的形容词）、颜色词、方位词。这三种词和名词相比有更为抽象复杂的词义。

　　一般来说，我们很容易觉得习得词义就是往已经存在的概念上贴个标签而已。可是，通过本章内容，我们知道绝不是那么简单。

　　形容词表达感受、感觉和事物的特征。学习一个形容词并不是给自己看到或摸到事物的感觉贴上一个标签。孩子们必须知道学习的语言中还有哪些形容词，也必须理解在什么场合（尤其和名词的搭配）使用什么形容词，不然就无法真正习得形容词。

"红"这个词，因为用眼睛可以看见这种颜色，似乎有着十分具体的意思。可是，为了真正理解"红"这个词的词义，孩子们必须知道母语中"颜色"由哪些基本的颜色词构成，不同颜色词的范畴边界在何处。从这个角度来看，颜色词是十分抽象和复杂的。

在第三章介绍儿童习得动词的时候，我们就知道不掌握整体的结构，就无法知道每个词的词义。所以，不管习得什么类型的词，这都是一个要面对的问题。

第二章的专栏部分，我们介绍了什么是"心智词典"。"心智词典"是由数量庞大的词有机关联而成的，这种关联构成了特定结构的知识系统。"系统"这个词可能有点难懂，这里我们暂时将其理解为"由各种要素构成的整体，其中每个要素都以一种有意义的方式联系在一起"。在下一章里，我们会对这个概念作进一步的说明。孩子最终会习得成年人的庞大知识系统。

重要的是，词义不是由各个词自身决定的，而是它和词汇系统中的其他词的关系决定的。孩子们在学习母语词汇的时候，是把一个个词义连同词之间的关系放在一起学习的。孩子们在系统中将一个个词定位并掌握这些词的用法。

　　这里会产生了一个疑问。我们不知道系统的整体面貌。成年人的"心智词典"本来就在不断变化。我们学会了新词，就会把它加到系统中去。因此，系统是持续变化的。那么，孩子是如何走出这个困境，并建立起成年人那样庞大而精细的"心智词典"的呢？

　　下一章，我们将解开这个谜团。

第五章　解开语言发展之谜
——发现、创造和修正

　　第一章至第四章，我们介绍了孩子如何从语流中识别词，并习得事物和动作的名称、事物的性质等各种词义。我们先来回顾一下儿童习得词义的发展过程，并看看其中有什么共性。

　　不管是名词还是动词、形容词，最早的时候要学会几个词都是很费时间的。这一时期儿童犯的错误会带有一些特点。例如，儿童在习得名词的时候，会只把自家浴缸里浮着的小黄鸭叫作"鸭"，这个词局限于特定的场景，还会说出"葡萄是月亮"这样令人惊讶的说法。孩子在表达动作的时候也不会好好用动词来表示，想要做某事时会用名词、拟声词来代替这个动词。虽然会说出"好吃""难吃""痛"几个表示自己感受的形容词，但是未满 2 岁的孩子几乎不会说"大""小"这种表示事物性质的形容词。1 岁以下的孩子几乎不会说颜色词。这个时期语言错误的特点是，孩子即便知道这个词，也不会在合适的场合使用，要么局限于特定的场景，要么使用的标准还不确定，使用的正确率飘忽不定，会产生奇怪的用法。

这样的状态会持续一段时间，在接近 2 岁的时候，儿童习得语言的速度突然加快，词汇量激增，这段时期叫作"词汇爆发期"。这一时期尽管还会出现错误，但是错误的性质和之前不同。以事物名称为例，孩子不再对某一种颜色、形状或手感使用一个名称，而是将这个名称扩展到所有事物：会把苍鹭叫作"白乌鸦"，把圆形油罐叫作"球"，从成年人的视角来看，这种接近比喻性质的错误多了起来。可以看到一些错误是一种基于功能的比喻。《朝日新闻》的读者投稿栏设置了一个名叫"你知道吗"的专栏。该专栏介绍孩子们的语言错误，这些错误错得十分可爱，让人忍俊不禁。我还记得读到过一个案例，是一个小女孩在吃草莓的时候想要蘸炼乳吃，会对大人说"要草莓的酱油"①。

这个阶段的孩子在习得动词的时候也会产生错误。一些错误会让大人十分惊讶。之前给大家介绍过，有孩子把"用脚踢"说成"用脚扔"，把"牙齿咬到嘴唇"说成"牙齿踩到嘴唇"，看到妈妈正在搅拌腌酱菜的酱缸，会说"在种地"②。儿童在习得形容词的时候，会说出"三比四更薄""血压很便宜"等错误。

过了这个时期，错误就会大幅度减少。孩子们在表达自己的意思时，绝大多数情况下都会像成年人那样说话，而不是采用儿童独有的方式。

我们可能会认为儿童习得一个词的意思之后就是一成不变的。可是，当我们回顾孩子们从婴儿期到幼儿期的词语误用的情况，我们会发现这期间经历了语言发展的不同阶段。

---

① 这个小孩大概看到大人吃东西蘸酱油，自己在吃草莓的时候想要蘸炼乳，但是不知道炼乳怎么说，就把炼乳叫作"草莓的酱油"。——译者注

② 这个案例在下文会作进一步解释。——译者注

1　语言发展的困境

（1）所谓知道词的意思

让我们再次以第四章提到的颜色词为例，讨论一下语言发展的不同阶段。当我们问孩子"有哪些颜色词"时，孩子们可以答出红、蓝、黄等一系列的颜色词。可是，当你问孩子"蓝色是哪个"时，往往得不到答案。这种情况常见于 2 岁的孩子。这个年龄的孩子并不是完全不知道颜色词。各位读者对颜色词的理解方式也是各不相同吧。

等孩子再大一点，再去问他："蓝色是哪个？"孩子可以选出蓝色铅笔，能够明白红色铅笔不是蓝色的。可是，其间会有一段时间，你问孩子："蓝色是哪个？"孩子却选了一支绿色铅笔。这个阶段，孩子已经理解了"蓝""红"这样的核心颜色，但是因为还不知道什么是"绿色"，所以把大人认为是"绿色"的部分也归入了"蓝色"。这个阶段，孩子对颜色词的理解比前一阶段更进一步，但是还没达到正确的理解。如果要达到和成年人相同的理解水平，就意味着孩子已经学会蓝色和与之相邻的颜色词（即绿和紫）。到这一步，才能说孩子很好地理解了"蓝色"的意思。

　　孩子对词义的理解要达到成年人的水平，必须像成年人一样使用这些词，而且明白这个词和其他近义词之间的差异，能够根据实际情况从意思相近的词中选出合适的词。换句话说，孩子需要知道和这个词相似的所有其他词，然后仔细梳理出各个范畴的边界。这意味着孩子知道一个词和它周围的词所形成的"语义系统"。

（2）词汇是"语义系统"

　　让我们进一步解释一下"语义系统"这个概念。查一下《广辞苑》①，"系统"指的是"一组要素有机联系在一起，构成整体上具有某种功能的集合体"。正如第二章的专栏部分"心智词典"所介绍的那样，我们可以认为词汇有一个庞大的"语义系统"。词汇系统是由名

_____

① 《广辞苑》是十分权威的日语词典。——译者注

词、动词、形容词等构成的。名词表示动物、人造物、植物等事物；动词表示像走、飞等人的动作，思考、想等人类的精神活动；形容词表示像大、软等事物的特征和性质。一个个的词是这个系统的要素。

我们很容易认为，孩子们既然已经知道什么是"语义"，那往"语义"上贴一个语言形式就可以说孩子"知道了词的意思"。例如，已经知道了"红"这个意思，那就把这个意思和语言形式 aka 结合在一起①，那孩子就算是学会了"红"这个词了。可是，从语义系统的角度来认识词义的话，习得一个词并不是那么简单的事。"红""走"这样的词的词义十分具体，眼睛都能看得见。仅仅通过典型例子来理解"红"和"走"的词义是不够的。例如，要理解动词"跑"的词义，至少要知道以下知识：首先是"跑"这个词本身的定义，然后是"走"和"跑"的意思有什么差别，怎么

---

① 汉语的话，就是把"红"这个意思和 hóng 这个读音结合在一起。——译者注

区分"走"和"跑"。

于是就产生了一个问题。理论上讲，如果不知道一个词和其他词的关系，就无法理解这个词的意思。当婴儿遇到一个新词时，很可能并不知道和这个词有关系的其他词。婴儿刚刚开始记住一些词的时候，他不知道词汇整体的面貌，甚至连词汇系统的冰山一角都没碰到。理论上讲，孩子们不知道词汇系统的全貌，也就不应该学会单个词的词义。反过来讲，不学会一个个词，孩子们也无法知道词汇系统的全貌。那么，他们又是怎么从这个困境中走出来，进而编纂自己的"心智词典"的呢？接下来，我们用"发现""创造""修正"三个关键词来解开这个谜团。

2　发现

（1）发现"系统"

为了习得整个系统，必须一个个地习得要素。如果头脑中不储存相当数量的要素，就意识不到系统的存在。孩子从数量有限的要素中分析要素之间的共同模式，一开始就意识到系统的存在，在习得要素的同时了解系统的结构。

就像在第二章里介绍过的海伦·凯勒学会"water"这个词。让我们把海伦·凯勒这件事和黑猩猩学说话的项目结合起来讨论。海伦在学会"water"这个词的过程中学到了什么？正像沙利文老师说的那样，海伦理解了一个道理："事物是有名称的，世界上的各种事物可以用语言来指称。"与之相对的是，黑猩猩即使记住 100 个以上的"词"，也不能理解这些"词"的作用是什么。

海伦并不是在学习手指语的某个瞬间理解这个道理的，最早的时候连"手指语就是记录词的一种符号""事物都有名称"这些道理都不懂，只是记住了手指语的字符，即便会写手指语，也只是近乎"猴子学样"的低级模仿。为了习得语言系统，必须先知道一个个要素是系统的成员。孩子最早努力寻找的不是那些琐碎的成分，而是发现"系统"的存在。

（2）为了造词，就先要发现更小的单位

孩子不需要任何人教，靠自己的力量就能发现比词更小的单位。例如，日语里带 suru 这个词尾的词基本上都是动词，比如"yakiu（棒球）-suru"（打棒球）、"sakka（足球）-suru"（踢足球）、"benkio（学习）-suru"（学习）等。这个时期，会听到孩子说"ranti（午饭）-suru"（吃午饭）这种说法。孩子看到一个动作或行为，如果不知道对应的动词，就直接在名词后加 suru 就可以表示这个动作，真的十分方便。孩子一边听大人说话，一边分析话语中反复出现的模式，然后发现一个个要素，再把要素组合在一起就形成了新的说法。

《朝日新闻》有个栏目叫"你知道吗"。这个栏目提到过一件事。有个孩子说："hanamizuki（大花四照花）①是不是就是会流鼻涕的树？"大家都知道"hanamizuki"

---

① 大花四照花是一种日本常见的植物，又叫"大花山茱萸""多花狗木"，属于山茱萸科，原产北美洲东部。日本孩子会把这个词分析为这样的结构："鼻（hana）-水（mizu）-木（ki）"，孩子误以为是"鼻水木"，即"鼻涕树"。——译者注

整个是一种植物的名称，孩子认为这个词是由 hanamizu
（鼻涕）和 ki（树）两个成分构成的。这个例子说明孩
子时时刻刻都在竖着耳朵听大人说话，分析这些话语的
组成成分，并把组成成分的意思合起来，推测整个词的
意思。

（3）发现系统中的相似之处

婴儿在记住一些词之后，会意识到这些词不是零散
的，而是构成系统的要素。婴儿在学习词的时候，还会
学习这个词和系统中其他词的关系，进一步分析系统的
结构。

孩子的重大发现是名词、动词、形容词等不同词类
的词具有某种相似的模式。这里所谓的"相似"不是简
单的概念。名词、动词、形容词等不同词类所谓的"相
似"是不同的。例如，对表示事物名称的名词来说，
"相似"指的是形状上具有某种相似性，而与颜色、材
质无关。这种相似性是范畴形成的标准。但是，水和牛
奶、白砂糖和盐、黄油等，和形状无关，是按照材质的

相似性来划分的。对动词来说最重要的不是行为场景中的事物或人物，而是行为本身的"相似性"。换句话说，没有一种词类是因"整体上的相似性"而形成的，都只是关注某些特征，只要这些特征上是相似的，就会形成一个范畴，而忽略事件中包含的其他特征。

之所以要寻找相似性，是因为当孩子想在其他场景下使用同一个词时，必须知道如何使用它。这就是第二章所介绍的发现过程。通过这种发现过程，就可以快速地推测新词的词义，加快学习新词的速度。发现"相似性"就是对"学习方法"的发现。孩子会把阳光下亮晶晶的葡萄叶子叫作"月亮"。这个时候，孩子可能还不能发现这种相似性体现在哪里，而是在探索的路上试错。

3 创造

（1）造词

上文所述，孩子在学习几个词之后立刻会调动他敏锐的分析能力探索词与词之间的关系，从而发现些什么。哪怕只是暂时发现了一些规律，他们也会立刻使用已经学会的词和发现的规律造出新词，应用在新的状况上，还能用来推测没有遇到过的新词的词义。

小孩没有大人那样丰富的词汇知识，即使有想要表达的内容，也经常会不知道怎么说。这个时候，孩子会创造新的说法。

小孩会经常使用拟声词，这就是体现他们极强创造力的时刻。孩子看到一只狗，想要说"这是一只狗"。可是，他没有学过"狗"怎么说，于是就模仿狗叫，用狗叫替代"狗"这个词。日语的拟声词十分丰富，即使成年人也会使用，"汪汪"这个拟声词可能也是从大人那里听来的。有些语言的拟声词不像日语那么丰富，即便如此，这些国家的孩子也会通过模仿动物或者汽车的声音来指代这种动物或事物。这种能力全人类都有。

想要表达某个动作的时候，孩子也会把"笃笃""咚咚"等拟声词当作动词用[①]。正如第三章里谈到的，动词不仅比名词的词义更加抽象，而且和句法有着更深的联系。孩子还不能很好地理解句法，也无法很好地使用动词。可是，孩子还是想要表达一个动作，这时候就会充分发挥他们的创造力。日本孩子发现不管什么名词，后面加上 suru 就可以构成动词时，他们不使用 suteru（扔掉）这个词，而说"poi-suru"，即 poi 这个拟声词，再加上 suru 这个动词词尾。在拟声词之后加上 suru 构成动词是孩子们这一阶段的创造。

　　《不可思议的语言，语言的不可思议之处》（池上嘉彦 著）这本书里有个例子。有个孩子脚上受伤了，妈妈说："我来给你处理一下。"日语"处理伤口"说的是"手当て"（teate），里面第一个成分是"手"。于是，孩子便对妈妈说："不是'手当て'！是'足当て'（asiate）!"而日语里其实没有"足当て"这个词，"手

---

① 　小孩子可能用"笃笃"这个拟声词代替"敲门"，用"咚咚"代替"打鼓"这个词。——译者注

当て"整个词就是表示"处理伤口"的意思。这个孩子是把"手当て"这个词分析为"手"再加"当て"，所以是脚受伤了需要处理的不是手，那就应该是"足当て"。

　　孩子创造性地使用这些词，其背后体现的是一种"类推"（analogy）的能力。类推是根据已经知道的知识推断与之相似的未知知识。其中关键的是"相似性"。这种"相似性"可以是事物表面的相似，也可以是结构和规则上的相似。

　　类推造成的语言误用也体现在句法上。例如，有个日本孩子说"不喜欢""不漂亮"，正确的说法应该是：

suki-**dewa**①-nai

喜欢–助词–否定标记

"不喜欢"

_____

① 日语的助词 dewa 通常加在形容动词之后，而不用于一般的形容词。形容词的否定形式要把形容的 -i 词尾变为 -ku 再加否定标记。——译者注

kirei-**dewa**-nai

漂亮–助词–否定标记

"不漂亮"

孩子却会说出以下错误的句子：

suki-**ku**-nai*

喜欢–形容词尾的连用形–否定标记

"不喜欢"

kirei-**ku**-nai*

漂亮–形容词尾的连用形–否定标记

"不漂亮"

孩子们之所以会犯这种错误，是因为他们先学习了一般形容词的否定形式，例如：

ooki-**ku**-nai

大–形容词尾的连用形–否定标记

"不大"

oisi-**ku**-nai

好吃–形容词尾的连用形–否定标记

"不好吃"

日语中，形容词的否定形式是把形容词尾的 -i 变为 -ku 再加否定标记 -nai。孩子在学会这些形容词的否定形式后，就类推至其他词的否定形式上。于是，自创了像"漂亮""喜欢"这些形容动词的否定形式。

孩子们常见的错误还有：

sankaku-**i**-tumiki*

三角–形容词词尾–砖块

"三角形的砖块"

omosiro-i-**no**-hon*

有趣–形容词词尾–助词 ①–书

"有趣的书"

上面两个错误的句子显然是分别从下面两个句子类推过来的：

sikaku-**i**-tumiki

四角–形容词词尾–砖块

"方形的砖块"

boku-**no**-hon

我–助词–书

"我的书"

---

① 日语助词 no 的用法很多，粗略地说来，大致相当于汉语的"的"。——译者注

　　"sikakui"（方的）在日语里是个形容词，形容词修饰名词，中间不需要加任何助词，而日语里"sankaku"（三角）是个名词，名词修饰另一个名词，是在中间加上助词 no，所以应该是"sankaku-no-tumiki"（三角形的砖块），"omosiro-i-hon"（有趣的书）。

　　类似的错误在其他语言中也大量存在。说英语的孩子经常把"cook"（厨师）说成"cooker"[①]。英语中，如 baker（面包师）、butcher（屠夫）等表示职业的词多以 -er 结尾。孩子发现这个规律之后，就在动词之后加上 -er 表示从事这个职业的人。因此，他们在 cook（烹饪）之后加上 -er，"创造"了 cooker 这个词。

　　就像上面说的那样，利用已经知道的词创造出大人不说的词在 4 岁左右的孩子身上十分常见。我在前面提到，有两种类型的"类推"：一种是基于表面的相似性，一种是基于关系的相似性。后者剥离了表面的相似

[①] 英语里 cook 作为动词是烹饪的意思，作为名词是厨师，而 cooker 是厨具的意思。——译者注

性，一般不容易被儿童发现。前面几章提到的"用脚扔球""牙齿踩到嘴唇了""用背来抱"等动词的误用就是基于关系的相似性而产生的类推。看来，孩子们能够很好地使用这种类型的类推。

本章介绍的创新用法，说明了孩子不仅模仿大人的语言行为，而且在分析、发现和创造语言。

（2）创造性地使用已经学到的知识

"创造"并不局限于误用以及创造新的表达方式。学习新的说法本身就是一种"创造"。孩子偶尔会说出和大人不一样的说法，大人发现之后，会觉得"孩子简直像诗人一样"。当孩子和大人使用一样的说法时，大人会觉得理所应当，不会产生特别的心理反应。可是，从孩子的角度来看，能够自己分析没学过的词，并用在新的状况下，这些都是一种"创造"。

孩子在分析新词的词义时，会调用自己已经掌握的语言知识，并进行一般化的推广。关于"一般化的推广"在第一章至第四章已经讨论过了，大家还记得吗？

一个词形和特定状况下的特定事物或动作联系在一起的时候，孩子会以这个特定的事例为基础推断词义，再把这个词应用到其他的事例上。仅从一个事例推断语义就存在多种可能性，往往无法得到唯一的答案。

实际上，刚刚会说话的婴儿使用"鸭子"这个词是高度受限的[①]。给孩子看爸爸的照片，并告诉孩子："这个是爸爸。"结果，孩子认为整个照片叫"爸爸"。孩子会把掉在地板上的所有白色物质叫作"雪"。这一类的误用不会持续很长时间。过了这个阶段，孩子通常能把词义缩小到不太离谱的程度。孩子缩小词义所依据的是自己的知识。这些知识具体指的是什么呢？首先，是孩子头脑中的一些"假设"，比如孩子会假设事物相似到何种程度可以认为是一类。第二章至第四章里，我们已经花了很多篇幅说明这种"假设"。不过，光有孩子们头脑中的"假设"并不能很好地解决这个问题。这

---

① 前面已经提到很小的孩子只把浮在浴缸里的"小黄鸭"叫"鸭子"，哪怕把这个玩具放在浴缸旁边，他都不认为这个东西叫"鸭子"。——译者注

种"假设"因词类而异。就物体而言，孩子关注的是物体的形状，但是就物质而言，孩子会忽视眼前物质的形状，转而关注材质的异同。当孩子看到一个东西的时候，必须判断这个东西是一个"物体"，还是一种"物质"。如果是"物体"，它作为一个独立的个体有存在的意义，如果作为"物质"，则不存在所谓的"整体"。

为了推测新词的词义，孩子使用的知识不仅仅是那些"假设"，还包括和这个词有关系的已知词汇。第二章里，我们介绍了一个实验，即给企鹅起了一个新名字叫 heku，已经知道"企鹅"这个词的孩子会认为 heku 指的仅仅是眼前这只企鹅，是一个固有名词。当我们给一个杯子起一个新名字叫 heku 时，孩子不觉得 heku 仅指眼前这个杯子，而是这种类型的杯子都叫 heku，这时候就不是一个固有名词了。当获得新名字的对象是动物或其他东西的时候，孩子头脑中的"假设"是不一样的。上面例子中，已经学过"企鹅""杯子"这些词的孩子和没学过的孩子对 heku 这个新词的理解方式也有所不同。

简单说来，孩子会调动并整合他头脑中的所有知识，推断这种情况下这个词最合适的意思。调动头脑里所有的知识对我们人类来说司空见惯，为什么这也叫作创造性活动呢？因为一旦你把这个问题转换为计算机的问题，就会发现"调用知识"这件事是多么困难，多么具有创造性！

（3）计算机做不到的事

只要给计算机大量的数据，就很容易从中发现规律。例如，我们给计算机输入某个店铺的销售记录，就会发现这些数据中潜在的模式，比如购买某件商品的人同时会购买什么商品，在什么时间什么商品卖得最好。可是，不管是已经发现的知识，还是研究人员事先输入电脑的知识，在这种知识的使用方式不受限制的情况下，计算机要自己发现这种知识的使用方法是十分困难的。

突然听到某人说"想要吃 kaki"，大家可能会觉得

这个人想吃的是"柿子"或者是"生蚝"①。"柿子"和
"生蚝"在日语里只是重音不同，所以大多数人首先根
据重音位置来判断对方说的是哪个词。其次，如果在寒
冷的季节去广岛旅行的话，听到"我想吃 kaki"，听者
一般会认为对方说的是"想吃生蚝"②。即便 kaki 的重音
位置不一样，比起重音，人们在说话的时候会更重视说
话的场景。尤其日本关东和关西方言的重音位置很不一
样③，人们在说话的时候会更加依赖背景知识来判断对
方说的是哪个事物。

　　即使给计算机输入话语的重音和话题相关的信息，

---

① 日语里"柿子"和"生蚝"都读作 kaki，它们只是重音不同，我
　　们用字母 L 表示调比较低，H 表示调比较高，"柿子"是 ka（L）-
　　ki（H），重音在后；"生蚝"是 ka（H）-ki（L），重音在前。两
　　个词的重音所在位置正好相反。——译者注
② 此处有一个背景知识，广岛的生蚝很有名。——译者注
③ 日本东京一带被称为"关东"，京都、大阪、神户一带被称为"关
　　西"。关东和关西的方言在重音上有较大的差别，比如在东京，
　　"ha（L）-na（H）"指的是"花"，"ha（H）-na（L）"指的是
　　"鼻子"；但是在关西地区恰恰相反，"ha（L）-na（H）"指的是
　　"鼻子"，"ha（H）-na（L）"指的是"花"。——译者注

计算机也很难使用这些知识判断对方说的是"柿子"还是"生蚝"。哪怕给计算机输入会话发生的场所、时间，以及一些相关的背景知识，如生蚝是广岛的特产，通常在寒冷的季节上市，计算机依然无法从中推断出 kaki 指的是生蚝。因为计算机不知道"旅游的人在旅游的目的地想要吃当地的时令特产"这一信息。此外，如果不把"想吃生蚝"和"想吃时令特产"关联起来，甚至不会知道生蚝是广岛的时令特产。哪怕事先告诉计算机"重音尽管是一条线索，但是说话的背景更加重要""在不知道说话场景的信息时，暂且根据重音进行判断"这些规则，让计算机去判断什么情况才叫"在不知道说话的场景的信息时"也是很难的。

听到不知道的词，小孩子会整合所有的知识去推测这个词的意思。这些知识没有事先规定的用法，也没有事先定义好的使用环境。例如，"某个事物的名称只能用于与之形状相似的事物"，这样的"假设"就不适用于物质名词，也不适用于工具、容器这样可以包含很多混杂事物的范畴。需要借助其他的知识来判断一个孩子会不会采取某种"假设"。当"假设"不起作用的时候，孩子会使用其他的知识来猜测词的意思。这么说来，孩子可以在想用的时候就用头脑中的知识，而不需要设定在何时如何使用这些知识，这本身就是一种创造性的行为。

"灵活地利用知识并自发地调用这些知识"对计算机来说是一大难题。人工智能的专家把这个叫作"框架问题"，这是超级计算机也办不到的。可是，人类从婴儿时期就开始创造性地使用知识了。

4　修正

（1）适应成人的说话方式

我们已经介绍了小孩的各种各样的"创造"。在类推的驱使下，孩子们创造新词或新的用法，这一过程体现了孩子的智慧。不过，成年人并不会学孩子说话，把厨师叫 cooker。cooker 指的是像 rice cooker（电饭煲）这样的厨具。这里面没有什么特别的理由，只是一种约定俗成，一旦某种说法在语言社团中达成一种约定，孩子们根据自己发现的规则创造的词语就被认为是错误的说法。

在任何情况下，将某个说法和若干事物对应起来之后，孩子们就"暂时地理解"了这个说法的意思。孩子在不知道系统全貌或系统结构的情况下，别无选择地利用现有的知识来思考新词的含义。这种对词义"暂时性的理解"，有必要进行后续的修正。儿童的"创造"只有在"修正"之后才会有良好的效果。

那么，孩子怎么修正之前的"错误"呢？爸爸、妈妈会对孩子说："这是错的哦。正确的要这么说……"孩子就这样改正了之前的错误。确实是这样的吗？真实的情况不是这样。几乎所有的"错误"都是孩子自己改正的。例如，孩子在某一段时间会把大象、狮子叫"汪汪"，过了一段时间，就不再使用"汪汪"，而是说"大象""狮子"。

孩子记住新词，同时不断修正已经学会的词义。我和针生悦子老师一起做了一个实验，实验结果就可以证明这一点。接下来，我们介绍一下这个实验。

（2）鸡蛋形状的东西不再是"球"了

第二章我们介绍过让孩子给特定的球起个名字。现在这个实验和之前那个实验类似。这次的实验，我们把一个长得像鸡蛋的球叫 heku。孩子们在使用 heku 这个词之前，会把圆形的球和鸡蛋形状的球都叫"球"。实际上，这种鸡蛋形状的球在超市是作为犬类玩具出售的。这些孩子在听到这个鸡蛋形状的球叫 heku 之后，会指着鸡蛋形状的球说："这是 heku，不是球。"

孩子们以前把鸡蛋形状的球和普通的圆形球都叫"球"，这两种事物都属于"球"这个范畴。孩子们假设同一个名称指称形状相似的事物，鸡蛋形状接近圆形，所以也可以叫"球"。这种归类方式并不是一种好的选择。因此，当孩子们知道鸡蛋形状的球名叫 heku 之后，立刻把它开除出"球"这个范畴。所以，孩子们学了一个新词 heku 之后，就会修正之前已经学过的"球"的概念。

不过，孩子们学会新词，并不一定要把新词所指的对象从既有的范畴中剔除出去。我们还是做一个实验，这次以同一家保育园的其他 3 岁的孩子为实验对象。我

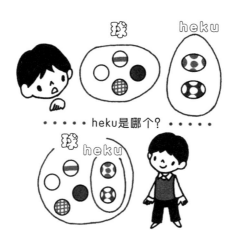

们把椭圆形的、带有特殊花纹的球叫 heku。孩子们会认为带有特殊花纹的球叫 heku，叫 heku 这个名字的球依然还是"球"，既不会把它排除在"球"这个范畴之外，也不会认为 heku 就等于"球"这个概念。因此，孩子们会认为"heku 是带有这种特殊花纹的球"。

（3）一边修正，一边深化词义

孩子们在推测新词词义的时候，自然会把新词和已知词汇关联起来，通过将新词和已知词汇的意思结合来猜测新词的意思。上面提到过给"企鹅"起名为 heku

的实验，如果孩子事先不知道"企鹅"这个词，就不会把 heku 这个名称局限在特定个体上，而是用于其他同类事物。这个过程不是把新词添加到自己的词库中那么简单，而是会像刚才出现的结果那样（"这是 heku，不是球"），通过学习新词来修正已知词汇的词义。

　　在语言发展的过程中，孩子学会把文化习俗融入语言，并调整语言的使用方式。语言是在自己的文化环境中发展的，孩子跟大人学习怎么使用语言。随着词汇量的增加，孩子习得的词义逐渐接近成年人的水平。从另一个角度来看，这个过程中，孩子在逐渐失去语言使用的"创造力"。我们成年人想要表达日常内容时，都会使用和实际状况相符的说法。因此，我们不会那么频繁地自创各种说法。一个成年人问某人："今天去札幌的飞机是几点？"如果把这句话说成"坐几点的'空中车'去札幌？"对方肯定会觉得十分奇怪。最终，孩子会采用成年人的说话方式。孩子小时候把"白鹭"叫作"白色乌鸦"，之后还是会说出"白鹭"这个正确的说法。嚷着问妈妈要"草莓酱油"的孩子，最终也会说出"炼乳"这个正确的说法。

通过不断地修正已学的内容，孩子们不仅增加了词汇量，还加深了对已知词义的理解。很多人可能会觉得，和"发现""创造"两个环节相比，"修正"环节显得平淡无奇，并不重要。可是，正是因为存在"修正"环节，"发现"和"创造"才会成为语言发展的原动力。

（4）反复进行"发现、创造、修正"的人类

是不是有人会认为人类习得语言从最早开始就是一个个词地学习，之后不进行修正。如果是这样的话，一边学习要素一边创建自己的语言系统就不可能实现。

孩子在习得语言的时候，最开始是很辛苦的，需要不断试错。先不管三七二十一，记住这个词的形式和自己当下的理解。等学习了很多词之后，再探索这些词之间的规律（即分析和发现的过程）。哪怕会犯一些错误，但是在发现规律后，就会把这些知识应用于之后的学习中，词汇量进一步增加，语言能力进一步发展（即创造过程）。随着词汇量大量增加，进一步分析词之间的共

性，靠自己的力量去改正之前的错误（即修正过程）。把新词加入到词汇系统中之后，就像说"heku 不是球"的孩子那样，去调整已知词汇的范畴边界，进行语义类推等智力活动。这个过程反复迭代，逐步加深对语义的认识，词汇系统也变得愈发丰满。

儿童在学习要素的同时，也在构建系统。只要发现要素之间的共同模式，哪怕是局部模式，也可以用于习得新的要素。随着新要素的加入，儿童会对系统进行更新和修改。所掌握的要素越多，儿童越能发现要素间的细微关系。换句话说，儿童对整个词汇系统的知识增加了，这种知识可以用于之后要素的学习。要素和系统之间是这样的联动关系，相互牵引着不断发展。

事实上，未满 1 岁的婴儿就已经启动了"发现、创造、修正"这个过程。请大家回忆一下第一章所述的从语流中切分出词的过程。以英语为母语的婴儿是以重音为线索，从语流中切分出词来的。就像这样，婴儿从容易理解的线索着手，哪怕有时会犯一点错，也会利用这个线索不断学习。如果听到的话语中存在之前切分出来的词，进一步分析这段话的难度就会大大降低。之前提到过一个例子，即"kawaiiakatian"（可爱的宝宝），如果婴儿之前已经知道 akatian（宝宝）是一个词，那么把kawaii（可爱的）作为一个单位提取出来就不难了。随着识别的词越来越多，婴儿就会进一步分析词的语音特征，会注意到一些模式，比如在一个词的语音形式中，某个音往往出现在某个音之后，某两个音从来不一起出现……这些知识都会用于后续的学习。就这样，学习语言的速度越来越快。储存在记忆中的词越来越多，再利用已知词汇，从成年人的话语中识别出更多的新词。其间出现的错误也会很快依靠一些线索自行修正。这说明我们人类与生俱来就具备这种学习能力。

5　如果系统是事先就建立好的——学习外语

本书讨论的是儿童如何习得语言。但是，这些知识也给成年人学习外语提供了一些启示。

孩子理解词义存在不同的阶段，学习外语词义也是一样的。我们会去查词典，去看一个外语词的意思。考试中考到一个词是什么意思时，我们经常需要写出这个外语词对应的日语意思。不过，这样去记词的意思，是不是就说明你掌握了这个词？

我们来看一个例子，大家应该都知道英语 wear 这个词。不少人会说："当然知道了！不就是 kiru（穿）的意思嘛。"可是，如果让你尽可能多地用 wear 这个词造句呢？wear 可以用在哪些地方，例如，什么样的事物可以用 wear 这个词呢？哪怕是大学生，知道这些的人都是很少的。我以前做过这方面的调查。

日语里"把衣物穿在身上"的动词会根据所穿对象变化。例如，上衣和裙子，我们用 kiru 这个词；裤子、袜子、鞋子，我们用 haku 这个词；帽子用 kaburu；眼镜用 kakeru；首饰、钱包、围巾用 tukeru。可是在英语中，就连发型、香水都可以用 wear 这个词 [1]。绝大部分

---

[1]　大家可以思考一下汉语中的情况：上衣、裙子、裤子、袜子、鞋子，我们都用"穿"这个词；帽子、眼镜、首饰、围巾，我们用"戴"；钱包，只能说"带"。——译者注

参加调查的日本大学生都认为英语 wear 和日语的 kiru 的使用范围相同，即仅用于上衣、制服、裙子。我们用日语的 kiru 对应英语的 wear，但实际上两个词的范畴边界迥然不同。学习英语的日本人并不知道 wear 和 kiru 的使用范围只是部分重合。日本人会依托于日语 kiru 的使用范围对英语 wear 的用法作错误的归纳。

我们还发现有些日本人会把英国人绝对不用的说法当作正确的说法。英语会区分"穿"这个动作和"穿着"这个状态，两种情况下使用不同的动词。"穿"这个动作用 put on，"穿着"这个状态用 wear。与之不同的是，日语 kiru 既可以用于"穿"这个动作，又可以用于"穿着"这个状态。几乎所有的日本大学生都会把"快点把衣服穿起来"这句话翻译为 Hurry up and wear your clothes immediately，并认为这样的翻译是正确的。

本书反复强调的是，"理解一个词的意思"并不是"记住一个形式的意思"。儿童为了像成年人一样说话，从整体上掌握每个词的使用范围。换句话说，重要的是把一个词的词义看作是一个面，并知道它的边界，而不是像字典中描述的那样是一个点。要知道一个词的使用边界，就必须知道和这个词一起出现的词是什么，这个词和一起出现的词之间是什么关系。在学外语时，你需要知道你学的外语有哪些词，这些词所涉及的系统是什么。你需要知道这个系统的结构。如果完全不管系统的结构，只是把外语词翻译成母语，去背词典上的词条，到了具体用的时候还是不会。

学习外语和习得母语是不同的 ①。母语的语义系统就像身体的一部分，而想要构建外语的系统就十分困难。就像本章所说的，孩子在习得母语之前是一张白纸，在学习要素的同时逐步创建系统。系统是无法作为整体一下子习得的，只能一个个词去学。系统中可能已经存在一些意思相近的词，我们会整理这个新词和近义词的边界，同时"发现、创建、修正"语义系统，反复迭代这个过程，最终构建我们的词汇系统。

---

① 所以严格来说，我们说"学习"外语，而母语是用"习得"，是两种不同的过程。——译者注

人一旦长大以后再去学习外语，此时母语系统已经构建好了。大多数情况下，母语和外语的词汇系统的结构有很大的不同。乍一看两种语言中意思相同的词，其实和各自系统中的其他词的边界是不一样的，从"面"的角度来看，两个词其实差别很大。两种语言系统只能是部分重合。就因为是部分重合的，我们就会不假思索地认为两种语言是完美对应的，然后把母语的范畴边界投射到外语上，并认为外语词只是语音形式和母语不一样。

成年人在学习外语的时候，无法事先学习外语的语义系统，这和儿童习得自己的母语是一样的，只能在学习一个个词的同时去逐步掌握语言系统。掌握词义和整个系统都必须经过逐步修正的过程。不过，当我们查外语词典时，词典上用母语的文字写着外语词的释义，这让我们误以为外语词和对应的母语词具有相同的使用范围。一旦你记住了与母语对应的外语词，就很难注意到外语中这个词其实应该和其他几个词区分使用。当日本人认为英语的 wear 就是日语的 kiru 时，就不会再去关注 put on 和 wear 的差异，所以也就无法知道两个英语词的使用边界。

词义并不是孤立的，而是由语义上有关联的一批词共同决定的，是词在系统中的位置决定了词义。不同的语言有不同的系统，一个词的词义即使和外语词有部分重合，但是作为一个面，不太可能完全重合。要理解这一点，并有意识地看到外语词与母语词的相似性和差异性，才能从"知道这个词但是不会用"变为"知道这个词并且能熟练使用"。

婴儿在习得语言之初就开始探索词汇系统的结构。我们在学习外语的时候，也要能够自己发现外语词汇体系和母语不一样的地方，并乐于创建自己的外语词汇系统。

专　栏　　**孩子们都是诗人吗?**

　　孩子们的语言创造力虽然惊人,但是也有一些弱点。还是以《朝日新闻》的"你知道吗"专栏的内容为例。

　　姐姐刚会写字的时候,妈妈表扬她:"有点味道。"
　　姐姐说:"你舔了哪里了?"

　　哥哥在吃黑巧克力,妈妈对他说:"有大人的味道。"①
　　孩子说:"你吃过大人吗?"

　　小孩子常常能够理解字面的意思,但是不明白文字

———————————

① 此处为日语原文直译,即汉语的像黑巧克力、咖啡、苦瓜等食物带有某种苦涩的味道,不喜欢这些食物的人大有人在。但是,这些食物起初品尝起来可能带有苦味,但是习惯了以后反而会觉得很好吃,这样的情况日语里字面上叫"大人的味道",也就是英语里的 acquired taste(后天养成的口味)。——译者注

之外的比喻义。孩子会认为"有点味道"的"味道"、"大人的味道"的"味道"就是用舌头舔了才知道的"味道"。成年人即使不懂这两句话的真正的意思，至少也不会说出这么奇怪的话来。4岁左右的孩子不会意识到自己说出的话和当下情形不符，会经常说出令人啼笑皆非的话。

　　妈妈说："多吃西兰花，皮肤和头发会变得光溜溜的。"
　　孩子说："是汗毛都掉了下来了吗？"

　　像这样，孩子们会按照自己理解来应对，说出一些奇怪的话来。显然，孩子是把"光溜溜"理解成了"没有毛发"的意思，而不是"光滑"的意思。

＊＊＊

　　一个3岁的女孩看到妈妈在搅拌装有腌酱菜的坛子，对妈妈说："你在耕种吗？""耕种"这个词是什么意思呢？《广辞苑》的解释是"犁地种庄稼"。为了让腌酱菜变得好吃，需要反复翻动、搅拌，确实和犁地、耕种十分接近。这种用法用在诗歌里可能是很不错的。

成年人除了用"耕种"这个词表示犁地种庄稼外，还用在什么别的地方吗？请看下面的例子：

"素养是指掌握所见所闻的能力。修炼指的是**培养**①与生俱来的才能并将其达到极致。学习指的是在过上令人称赞的生活的同时，将我们的日常行为与我们的知识结合起来。"（《日本人应该如何活着》阿部谨也著）

比较一下两个用法，乍一看，孩子做的事情似乎和诗人、小说家相同。可是，孩子的创造力和文学家的创造力有本质的差别。孩子并不是为了生动、诗意地表达一件事，而是不知道合适的措辞，就去创造新的用法。

---

① 此处翻译为"培养"的地方，日语原文是用"耕种"这个词，日语里字面上可以出现"耕种才能"这样的表达，意思就是培养才能。——译者注

在大人听起来，仿佛很有诗意。认为妈妈在"耕种"酱缸的女孩并不是把"耕种"这个词理解为"为了将来作准备"，而只是因为耕种和搅拌、翻动酱缸的动作十分相似而已。

像文学家那样熟练使用日语的人，会采用不寻常的方式使用常见的词语。为了不让自己写出的句子成为陈词滥调，光是没有错误是不够的，还要让读者耳目一新，于是采用了新奇的表达方式。如果只是囿于修辞技巧而使用不同寻常的表达方式，就会给人矫揉造作之感，难以打动读者。老到的文字高手既有孩子一般的感性，又有大量的词汇储备，在熟知每个词义的基础上，淬炼新的表达方式。

获得诺贝尔文学奖的小说家川端康成的作品中有一句话：

"秋风起，落叶们都从地上站起来，一起冲向云霄，刚聚到一处就被旋风带走了。"（《落叶》）

　　"站起来""冲"是日常生活中常用动词。像上面那样使用，落叶仿佛有了生命，会"站起来"，一时间鲜活地浮现在读者眼前。

　　增加词汇量，加深词义的理解，对语言习得来说是十分重要的。在这个过程中，孩子习惯于某些表达习惯，掌握了很多语言规则，逐步丢失了创造力，这是十分可惜的。为了防止这种情况发生，我们就需要保持对语言的兴趣，持续探索词语的含义，提高我们对语言的敏感度。

第六章
用语言来思考

　　第五章里，我们用"发现、创造、修正"三个关键词来解释儿童语言的发展。儿童一开始对语言没有任何知识，到后来可以构建庞大的词汇系统。本章我们讨论一下儿童语言发展和思维发育之间有什么样的关系。

　　人类具有高度抽象的思维能力，其他动物无法和人类相比，这是因为人类有语言。语言会把事物、行为、事物的性质、我们的感觉等各种各样的内容按照特定的视角进行分类和整理。不仅如此，语言还会给看不见摸不着的概念一个名称。学习语言和思维发育之间到底有着什么样的关系？语言会给儿童的思维带来什么样的影响？本章就这些问题展开讨论。

1　用语言理解新概念

看不见摸不着的抽象概念，如"爱""尊敬"这样的词，儿童是如何理解这些词的意思的？我们再次回忆一下第二章海伦·凯勒的故事。海伦在自传中讲了自己是怎么理解"爱"这个词的意思的。

（1）对"爱"这个概念的理解

某天早晨，沙利文老师在海伦手上写"我爱海伦"。海伦问什么是"爱"，沙利文老师便拉近海伦，指着海伦胸口说，"爱就在这里"。

可是，海伦并不明白这个回答的意思。"爱就是花香？""太阳那温暖的阳光？"海伦接着问。沙利文老师只能摇头。为什么沙利文老师不能具体地展示什么是"爱"？海伦有点沮丧，因为她还不知道看不见摸不着的抽象事物其实也是有名称的。

海伦一直在想"爱"的意思是什么，沙利文老师通过手指语解释："你摸不着云，对吧？但是你知道会下雨，在一个炎热的日子里，你可以看到花和干燥的大地都在为下雨而高兴。爱也是如此，你不能用手摸到它，但是你可以感受到爱的温柔。爱让我们快乐。"

海伦写道："在那一刻，一个美丽的真理在我的脑海中闪过，我的心和其他人的心被一条无形的线连接起来了。"海伦对"爱"这个词的思考让她明白了语言可以给抽象概念命名。"事物是有名称的，词就是事物的名称"，海伦紧接着发现了这一点。给看不见摸不着的抽象概念命名，可以引导孩子超越直接的感性经验进行抽象思考。

（2）用语言理解抽象的词义

让我们理解抽象词义的是语言。大家在遇到不认识的词时就会查辞典。辞典是用其他的一些词来解释某个词的。只要解释的文字里出现的词都是已知的，大家就能看懂解释。这样一来，即使需要解释的是一个抽象概念，大家也能明白这个词的意思。没有词汇储备的婴儿，就不能利用已知词汇来学习新概念。不过，只要有一定程度的词汇积累，就可以用已知词汇来学习新词。

　　海伦在理解"爱"这个词的意思之前，肯定有过"爱"这种情感。如果最早就没有"爱"这种情感，再怎么解释，哪怕字面上能解释得通，也没办法懂得"爱"的真正的含义。如果问："爱是什么？"然后就给出一个定义："爱是×××"，大概只有机器人程序会这么做。给出定义和理解"爱"的含义是两回事。

　　假如一个人有过"爱"这样的情感，然后告诉他这种情感的名称叫"爱"，是不是他就理解"爱"的意思了呢？在相当长的时间内，语言习得理论就是这么认为的。所谓习得词义，就是儿童给已有的概念贴上一个语言标签而已。

　　如果仔细考察儿童语言的发展变化，就会知道这种理论并不正确。例如，教小孩"爱"这个词并让他思考这个词的意思，同时他也会开始思考这种对他来讲很模糊的情感，对"爱"这个概念的理解也加深了。

　　孩子和我们大人一样，会不断地把一个词的意思和其他词进行比较。例如，"爱"和"喜欢"哪里不一样？"爱"和"高兴"哪里不一样？海伦理解了"爱"的意思，如果她没搞清楚"爱"和"喜欢""高兴"之间的深层关系，以及这些词和"爱"之间有什么区别，就不能说她真的理解了"爱"的含义。正如第五章所说，真正理解一个词的含义，是要能够搞清楚这个词和相关词汇之间的差别。

"爱""高兴"这种看不见摸不着的概念也是词汇系统的一部分。"爱"这个词的意思是由它和"喜欢""高兴""友情""亲密""快乐"这些词的关系决定的。通过学习这些词，原本模糊的概念会变得更加明确。就这样，孩子们在系统中学习这些抽象概念，最终使这些词变为系统的一部分。

2　构建知识体系

我们为这个世界构建了庞大的知识体系。除了能直接看到、体验到的事物，我们在学校里也学了很多，但是这些都不是我们全部的知识。就像我们在不知不觉中习得语言一样，孩子们会自然而然地掌握关于这个世界的各种知识。可是，为什么我们会知道那些自己没有直接体验过的东西以及没人教过我们的东西呢？

（1）玃狮狓有几个胃？

你知道某个特定事物的名称，然后判断这个名称可以用在哪些事物上，这时就会面临困难。这个是"一般化问题"，我们之前已经讲过好几次了。这个问题不仅在判断词的适用范围时出现，当我们知道了某个特定事物的特征，判断这个特征在哪些事物上也出现时也会涉及"一般化问题"。

大家知不知道玃狮狓这种动物？看到下页的图片，会发现它和斑马很像，不过不像斑马全身都是黑白条纹，玃狮狓的黑白条纹只出现在脚上，而它的身上是深棕色的，是十分美丽的动物。这种动物最早被发现的时候，大概是外观长得太像斑马了，被误认为是斑马的近亲。可是，后来才知道它是长颈鹿的近亲。

请大家先不要在网上查玃狮狓是什么动物，请先通

过图片看一下貜㹢㹟有着什么样的特征。例如，大家可以想象貜㹢㹟是有蹄子的，那么，貜㹢㹟的蹄子是分为两瓣的，还是不分瓣的？斑马的蹄子是不分瓣的，属于奇蹄目；而长颈鹿的蹄子是分两瓣的，属于偶蹄目。奇蹄目的动物还有马，偶蹄目的动物还有牛，两种动物的胃的构造和消化方式也不一样。除了少数例外，偶蹄目的动物基本上都像牛一样有很多胃，会反刍。那么，貜㹢㹟是怎么消化食物的呢？

　　大家即使不去查矡狑狓的相关介绍，单凭它是长颈鹿的近亲，就可以知道是食草动物，还可以猜测它会像长颈鹿那样伸着脖子吃树叶 ①。很多人还会猜测它的蹄子也和长颈鹿一样分两瓣，有多个胃，会像牛一样慢慢消化食物。可是，在知道它是长颈鹿的近亲之前，因为乍一看很像斑马，不少人就会认为它和斑马一样蹄子不分瓣，消化食物的方式也和马一样。

　　大人教孩子某种动物，或者孩子通过自己的经验知道某种动物，都会去思考这种动物和其他动物之间有什么共同的特征。假如，有一种不认识的动物生了许多幼崽，我们只知道这些幼崽喜欢吃萝卜和卷心菜。我们想把这些知识用在其他相似的动物身上，我们会认为长得相似的动物也有相同的特征和习性。之前我已经说过"相似"是一个难以把握的概念，而且看起来相似的事物就具有相同的性质吗？那么，大家认为矡狑狓的特征是接近于外观相似的斑马还是近亲长颈鹿呢？你认为在

---

① 实际上，这些猜测都是正确的。

判断动物的特征和习性的时候，"品种"比"外观"更重要吗？

如果不具备相关知识，就没办法判断什么和什么是同一种类。没有专门的动物学知识，想要判断貛狐狓更接近斑马还是长颈鹿是十分困难的。可是，听到"貛狐狓是长颈鹿的近亲"这句话时，就会认为貛狐狓和长颈鹿是同类动物。换句话说，当我们不具备专业知识的时候，我们依靠的是语言来判断品种的异同。

（2）依靠语言来判断品种的异同

那么，小孩子在这个问题上会怎么表现呢？大家周围有没有 2 岁至 6 岁的学前儿童呢，如果有的话，可以做一下下面的实验。

a. 事先准备好貛狐狓、斑马、长颈鹿的图片。先给孩子看长颈鹿和斑马的图片，然后指着貛狐狓说："这两张图中（斑马和长颈鹿），比较像这个动物的是哪个？"如果是 4 岁以下的孩子，就问

他："长颈鹿的蹄子分两瓣，斑马的蹄子不分瓣。
这种动物（指的是貛狐狓）的蹄子是分瓣的，还
是不分瓣的？"

b. 如果对象是 5 岁以上的孩子，就问他："有蹄
子分瓣的动物和不分瓣的动物，长颈鹿的蹄子
是分瓣的，斑马的蹄子不分瓣。蹄子分瓣的动
物有 4 个胃，使用不同的胃来消化食物。蹄子
不分瓣的动物只有 1 个胃。这个动物（指的是
貛狐狓）只有 1 个胃，还是有 4 个？"

c. 先指着长颈鹿的图片说，"长颈鹿的蹄子分两
瓣"，指着斑马的图片说，"斑马的蹄子不分瓣"。
然后，给孩子看獾狐狓的图片，说："这种动物
是长颈鹿的近亲，它的蹄子是分瓣的呢，还是
不分瓣呢?"（如果对象是 4 岁以上的孩子，就问
他："它有一个胃还是很多个胃?"）

孩子会有什么样的反应呢? 我没有做过獾狐狓、长
颈鹿、斑马三种动物的实验，但是我做过其他动物的类
似实验，所以我可以预测孩子们的答案。如果只有一个
孩子参加实验，那他的回答可能有一定的偶然性。我在
做实验的时候，是以 3 岁到 5 岁的孩子为对象，随机挑
选 60 个孩子参加实验。即使每个孩子的反应都存在一
定差异，当我们考察很多孩子时，就可以知道在这个年
龄段最为典型的反应是什么样子。另外，我们把孩子分
为三组，每组都有 20 个左右。第一组孩子按照上述 a
的方式进行实验，即问孩子獾狐狓是接近长颈鹿还是接
近斑马? 第二组孩子按照上述 b 的方式，即不告诉孩子

玃狙狓是长颈鹿的近亲。第三组孩子按照上述 c 的方式实验，即告诉孩子玃狙狓是长颈鹿的近亲这个信息，再去问孩子玃狙狓蹄子分瓣的情况或胃的数目。不同小组的结果会有不同吗？不同年龄的孩子会有不同的反应吗？

让我们先预测一下结果，通常情况下，第一组中的大部分孩子都认为玃狙狓更像斑马。第二组的孩子会认为玃狙狓的蹄子和斑马一样不分瓣，只有 1 个胃。孩子会认为外观接近的动物会有一样的性质。第三组的大多数孩子会认为玃狙狓的蹄子分瓣，有 4 个胃。不过，如果是 3—4 岁的孩子，即使在第三组，他也更有可能认为玃狙狓和斑马一样，因为它的外观更接近斑马。然而，5 岁的孩子更可能认为玃狙狓和长颈鹿一样。

实验结果表明，孩子和成年人一样，会认为外观接近的事物是相同的品种，尤其是面对动植物等自然界存在的事物。当我们直接告诉孩子玃狙狓和长颈鹿是"近亲"的时候，这自然没什么问题。可是，我们没告诉孩子这些信息的情况下，孩子是怎么知道它们是同类或近亲的？对孩子们来讲，语言是他们确定"同类"的线索。比起事物的外观，有着相同名称的事物反映了深层次的相似性，它们共享相同的性质和特征。如果我们改变一下刚才实验里第三组的问法，我们不告诉孩子"玀狐狓是长颈鹿的近亲"，而是说"这叫 fepu"，给它起个实际上并不存在的名称。然后指着长颈鹿说"这是 fepu"，指着斑马说"这是 dakkusu"。也就是说，我们告诉孩子，玀狐狓和长颈鹿有同一个名字，斑马有另一个名字。这一次，孩子们不依靠外观来判断，而是认为有同一个名字的两种动物有相同的性质，会认为玀狐狓和长颈鹿一样蹄子分瓣，有 4 个胃。名称成为孩子们判断的线索。所以，语言能够帮助我们推理并迅速构建知识。

3　词汇创造新概念

　　语言不仅可以指称"爱"这种本来就存在的概念，

还可以创造本来不存在的概念。一个例子就是数的概念。数字是比"爱"更加抽象的概念。孩子通过学习数词，打开了数字世界的大门，向着数学、科学迈出了第一步。

（1）数的概念

　　婴儿最早会把数字当作物体来理解，大致可以从 1 数到 3。假如在婴儿面前放两个箱子，其中一个箱子里有两块饼干，另一个箱子里有 3 块饼干。婴儿想要很多的饼干，因此会爬向装有 3 块饼干的箱子。可是，婴儿对数的概念和我们对数的概念有很大的差别。婴儿把 4 以上的数作为大概的数量来对待。例如，给孩子看 4 枚棋子和 8 枚棋子，他会觉得明显是 8 枚棋子更多，而如果给他看 4 枚棋子和 5 枚棋子，他并不会正确地数数，所以不知道哪个更多。婴儿能够数清楚 3 以下的数，能够知道 3 比 2 多，但是数不清 4 以上的数，而是从外观上大致判断数量的多少。

　　无论多大的数字都可以精确计算，在任何数字上加

1，这个数字就变为另一个数字，婴儿在这一时期不能明白这些道理。那么，婴儿是什么时候才明白这些道理的呢？这个过程又是什么样的呢？孩子从 2 岁左右开始说 1、2 这样的数词。几乎所有 2 岁左右的孩子会把 2、3、4 看作一个大概的量，没有精确的 2、3、4 这些数字的概念。

孩子们最早把 1 这个数字对应为"一个"物体来习得。这个时候，2 并不是精确的数字，只是"比 1 更大的一个数"。到了 2.5—3 岁，孩子知道 2 等于 1 加 1，是两个物体的结合。此时，2 不再是"比 1 更大的一个数"，而会更加精确地对应到两个物体上。

再过几个月，孩子就能理解 3 这个数字就是"一个东西，又一个东西，再有一个东西"的集合。也就是说，孩子可以理解 2 就是在 1 上面加 1，3 等于在 2 上面再加 1。一旦理解了这些，孩子就会自动理解，每个数字都准确地对应着一些东西，会知道 8 和 9 是不同的数，15 和 16 也是不同的数，尽管两个数都是差不多大小。

因此，孩子们通过理解1、2、3这些小数字，可以进一步理解更大的数，不再把它们当作一个大概的量，而是知道每个数都是精确数字，都对应于独一无二的量。一旦有了这种概念，哪怕是孩子尚未见过的很大的数，他也能将其对应到一个数词上，同时意识到这和其他数字不一样，是独一无二的存在。

人类婴儿有从1数到3的能力，有些动物也有这种能力。例如，有一种猴子叫绒顶柽柳猴，有研究表明，这种猴子可以理解一个东西再加一个东西是两个东西。鸽子、老鼠、黑猩猩等动物都可以大致判断数字的大小，但是只有人类能够理解10000和10001是不同的数字。只有人类才有"数"这个抽象概念，这和人类有语言有很大的关系。

理解数的概念是理解素数、有理数、无理数、虚数等概念的基础。婴儿通过学习数词，并把数词和物体联系起来，以了解抽象的数字概念。从此之后，通过口头解释就可以让孩子理解抽象的数字和数学概念。

（2）如果没有数词

那么，如果没有数词会发生什么呢？在中美洲的尼加拉瓜，20世纪70年代以前并没有用于跨社群交流的"手语"。耳朵听不见的人只能使用一套自己编造的"手语"与周围的人交流。每个家庭都有完全不同的"手语"，并只在自己家里使用，称为"家庭手语"。当时，没有针对失聪儿童的学校教育，到了80年代开始才有针对这类儿童的特殊教育。

孩子们聚集在特殊学校里相互交流，不再像以前那样只跟家人交流，因此，开始形成学校手语。每年都有新的听力和话语残疾儿童来到学校，第一代听力和话语残疾儿童用他们的"家庭手语"和其他孩子对话，就这样学校手语不断演化。最早只有约50名听力和话语残疾儿童使用的手语，现在已经发展为一种公认的手语——"尼加拉瓜手语"。

通常来说，不管语言随着时间如何变化，我们很难观察到今天的语言和昨天有什么不同。尤其是语音、语法这种谁都可以注意到的成分，要发生显著的变化往往需要上百年。可是，尼加拉瓜手语在仅仅几十年里产生了语法和词汇，每一代儿童的词汇都迅速增加，语法趋于精密，接近口头语言的复杂程度。它成为实时观察语言演化的窗口，引起了全世界语言学家的关注。

发明手语的最早一代人，他们的手语中没有1、2、3这样的数词。经过几代人的演化，才能用手语表达数字。从没有数词的第一代，到现在已经是40至50代人了。有位学者在这些听力和话语残疾儿童身上做了一个很简单的实验。他在被试肩上敲击一定的次数，然后让被试用几根小棍子表示敲击的次数。

如果敲击的次数是一次或两次，被试可以正确地用小棍子来表示。敲击次数达到四次的时候，被试有时认为是三次，有时认为是五次，并不能知道正确的敲击次数。手语中已经有数词的那些被试，就能够知道正确的敲击次数。

这个实验告诉我们，儿童学习数词的经验对形成数的概念有直接影响。就像上文说的那样，学会"1、2、

3……"这些数词的孩子就不再认为数是一个大概的量，而是精确的数字。没有学会数词的孩子即使长大后也不会形成精确的数的概念，无法区分敲击四次和五次、敲击五次和六次的差别，他们会说敲击次数都差不多。

亚马孙丛林深处有一个部落叫皮拉罕。这个部落的语言没有产生系统的数词，不光没有 100、1000、10000 这样的大数，就连 4、5、6 这样的个位数词都没有。对应于 1 和 2 的分别是 hoi 和 hoi 两个词，前者的声调从高到低，后者的声调从低到高①。当出现比 2 大的数时，这种语言就只能用"多"这个词来表达。严格地将 hoi 和 hoi 两个词表示的也并不是数字 1 和 2，而表示的是"较少的数"，有时也用来表示数字 2 和 3。对皮拉罕人做敲击肩膀的实验，皮拉罕人无法区分四次以上的敲击次数之间的差别。即便是耳朵可以听到说话的成年人，只要语言中没有数词，不管数的实际大小，都只会把它当作一个大概的量。

---

① 下划线所在的音节声调较高。——译者注

4　习得语言是科学思考的基础

（1）语言按照一定的标准形成范畴

词（除了固有名词）表示的是范畴。名词一般表示事物的范畴，其中大部分具有层级性。一只猫是猫，也是特定品种的猫，还是宠物、哺乳动物、动物、生物。这些范畴具有层级性。吉娃娃这个词指的是吉娃娃这种狗的集合，狗这个词指的就不仅仅是吉娃娃，还包括比格犬、拉布拉多、西伯利亚雪橇犬甚至杂交品种，所有的狗都属于"狗"这个范畴，是同一个种类。动物这个词不仅包括狗、猫、老虎、大象等四足动物，还包括鸟类、昆虫、鱼等，这些都属于同一个范畴，与"植物"这个范畴相对。生物这个词不仅包括动物，还包括植物①。因此，即使在物体这个范畴内，所含个体可以是外观上相似，也可以在抽象的层面体现这种相似性，如"动物""生物"。"相似性"有很多不同的标准。

---

① 　其实还有微生物。——译者注

第四章中，我们做了 ruti、ruti-i 的实验[①]：如果一个名词变成形容词，它所形容的事物并不是在整体的形状上有相似性，而是这些事物具备某种共同特征。

成年人头脑中常见的范畴一般基于单个标准来构建。本书提到过，孩子会把发光的东西、新月形的东西、圆形的东西、黄色的东西都归为"月亮"这一个范畴，这样的范畴包含了混杂的多个标准，成年人会觉得这种范畴十分奇怪。这种感觉或许是语言造成的。

（2）语言造成的"相似"

第二章介绍了物体和物质两个概念，前者的形状有意义，后者的形状无意义。实验表明，2 岁孩子能够区分一个事物是物体还是物质。如果是物体，当下物体的名称可以用于形状相同、材质不同的其他事物；如果是物质，当下物质的名称可以用于形状不同、材质相同的

---

① ruti 是一个自己造的名词，ruti-i 在这个名词后加上形容词词尾 -i，构成形容词。——译者注

其他事物。其实这个实验还有后续。

我们把这个实验里使用的事物给其他同龄孩子看，然后对孩子说："请把相同的东西拿出来。"孩子们会去拿形状相同的事物或材质相同的事物。可是，如果告诉孩子"这是 ruti，请把 ruti 拿出来"，那么，孩子会拿哪些东西呢？同时，我们也对成年人做了相同的实验，成年人会有什么表现呢？

这个年龄段的孩子还没有把"相同"这个概念和语言中"相同"这个词对应起来。这个年龄段的孩子会构建"形状相同或材质相同"的范畴。可是，一旦"相同"这个概念和语言中的"相同"对应起来之后，就和成年人一样，仅仅基于单个标准来构建范畴。对孩子来讲，和最早给他看的事物具有相同形状、不同材质叫"相同"，具有相同材质、不同形状也叫"相同"。既然两者都叫"相同"，也就没必要硬去选择其中一种。但是对成年人来讲，这两种选择各有各的道理。然而，要求成年人选出属于同一范畴的事物，他们更倾向于基于其中的一个标准来构建范畴。对成年人来讲，"相同"这个概念和语言中"相同"这个词已经对应起来了。

动词构建范畴的标准比名词更抽象。例如，"走"这个动词指的是人用两只脚或者动物用四只脚移动，比跑的速度更慢。各种各样的情况都可以称之为"走"：婴儿跟跟跄跄地走，模特儿走猫步，小伙子大步流星地走，歌舞伎迈着小碎步，老虎、猪、鸡在地上走……，这些和"跑""跳""爬"是不同的概念。动词和名词构成范畴的标准是不一样的。

按照特定的标准，语言将世界万物分为一个个范畴。语言使用者会使用同一个词表达外观不同的事物，这就需要基于某种抽象的基准对客观事物进行归纳。请大家想一下猪的步态和模特儿的步态是完全不同的，可是，我们忽略了二者的不同，用同一个词"走"来表示两个动作的共性。把两者的动作看作是一样的，我们不会觉得有什么不对。从这个意义上讲，我们对某些事物的感知方式是相同的，这很大程度上是由语言带来的。

（3）科学发现和"基于关系的类推"

某种事物和别的事物是相同的。这种认识会强化两种事物之间的对应关系。某个条件下，突然意识到之前一直认为不同的两个事物 A 和 B 其实是相同的事物，我们就会非常自然地把事物 A 和 B 的各个特征对应起来。已知事物 A 存在某个特征，就会认为与之相同的事物 B 应该也存在这个特征。这是一种类推。

我们在第五章中介绍过类推这种现象。类推指的是根据已知事物和与之类似的未知事物的对应关系，从而推测未知事物的思维过程。就像上文说的推测獾狐狓有几个胃就是类推的一种。因为獾狐狓和斑马外观上是类似的，身体构造肉眼是看不见的，但是没有关系，可以根据外观上的类似，推测内部构造也是一致的。这是一种基于外观相似性的类推。

獾狐狓和长颈鹿的外观不甚相似，但是从书上知道两种动物都是牛的近亲，因此认为它们是同类动物，进一步推测獾狐狓应该和长颈鹿有相同的特征，如蹄子分瓣，有 4 个胃等。这种类推不是基于外观，而是基于

"同类"这种理据，是更加合理的高级推测。

孩子知道谁和谁是同类之后，会从基于外观的类推转向基于同类理据的类推。即便不能直接知道谁和谁同类，孩子会因为两种动物共享一个名称而认为它们是同类，进而认为两种动物具有相同的特征和构造。

人类基于某种相似性，根据已知知识推测未知信息。在科学研究方面，不管是历史上，还是今天，根据原理已知的现象来推知未知现象背后的原理，这是一种常见的方法。

例如，牛顿发现万有引力公式。有一种普遍的说法是，牛顿受到苹果掉落的启发。不过，这种说法并不是说万有引力是天上掉下来的。牛顿所在的时代已经知道了引力的存在。伽利略已经做过自由落体实验，开普勒已经通过观察行星运转知道了引力的存在。这个时候，牛顿提出了一个问题："苹果从树上掉下来，为什么月球不会掉落到地球上？"他的直觉让他发现了万有引力定律。苹果从树上掉落、月亮等行星的运动都可以用万有引力定律解释。

牛顿把一个球拴在皮筋的一端，并让它转起来，他注意到旋转中心和球之间的关系类似地球和月球的关系。球的旋转是由皮筋的张力控制的。如果手松开皮筋，球就会飞出去。可是，月球和地球之间没有皮筋连接，月球却能围绕地球持续运转。所以，地球和月球之间有某种类似皮筋的东西在发挥作用。就像皮筋的张力制约了球的运转一样，月球的运转也受到了地球的某种张力的制约。基于这样的思维，牛顿发现了万有引力。

将已知原理的现象对应到机制不明的现象上，这两种现象不是表面上相似，而是要素间的关系相似。这里就需要系统这个概念，将两个现象看作是两个系统，不是构成系统的要素本身有什么共性，而是要素之间的关系相似、两个系统的结构相似。

剥离要素之间的相似性，然后提取结构，这个过程是十分重要的。通过类推构建假设充分地体现了这一点。一般来说，你通过类推得到的是一个初步的思考方向、一个粗略的想法。孩子在习得语言时，对系统是一种直观的理解：这个词是表示事物的名称，表示事物的词构成一个系统；那么，那个词是颜色词，颜色词也应该构成一个系统。如果只知道"红色"是颜色词，并不能理解红色的意思。同样的，只是知道地球和月球的关系就跟皮筋一端的球和旋转中心的关系类似，并不能让我们理解现象背后的机制。

　　科学工作者为了检验自己的假说，会提取现象的核心要素、结构、关系，从而建立模型。什么是模型？塑料模型、地图就是一种模型。例如，塑料模型和真的电车、船的外观是一模一样的，只不过缩小了很多倍而已。由于我们的目的是用模型体现实物的外观，因此，需要尽可能多地体现外观特征的种种细节，而没必要安装发动机。我们不会把生活中实际看到的山和建筑物的样子画在地图上，而是按照某种比例缩小，表达相对的位置关系。地图会剥离实际生活中肉眼可见的种种事物，仅仅呈现各种地物之间的位置关系。地图可以看作是客观世界的模型。

　　科学工作者会根据自己的想法构建模型，并将模型中的要素和要素间的关系设置为变量。他们系统地操纵这些变量，并推测产生的结果，然后用实验检验这个结果是否成立。出生于新西兰的科学家卢瑟福（Ernest Rutherford，1871—1937），受到太阳和行星关系的启发，提出了原子结构的模型。当时学界已经知道，原子不是不可分割的最小单位，而是带有负电的电子和带有正电的粒子组成的。可是，还不知道带有正电的粒子和带有负电的电子之间是什么样的关系，也不知道原子有着什么样的结构。在当时，关于原子结构，已经存在几种模型，但是还不知道真实的情况。例如，有人认为是带负电的电子在带正电的球体中旋转；有人认为是带负电的电子在带正电的球体周围旋转。顺带一提，提出后一种方案的是日本学者长冈半太郎。

卢瑟福认为原子结构类似于太阳系的结构，太阳是支配行星运动的中心。他假设原子中心是一个带正电的原子核，集中了原子大部分的质量，相当于原子核周围存在散点状的、带负电的电子，原子核支配着电子的运动。卢瑟福通过对太阳和行星的关系的类推，构建了原子结构模型，并以实验验证这个模型。为了验证这个模型，卢瑟福研究了电子撞击到金属箔上是如何散射的。传统模型假设电子在整个原子中都有分布，卢瑟福所发现的现象是无法被传统模型解释的。卢瑟福计算了模型的理论预测值，这个预测值和实验结果一致。于是，卢瑟福论证了原子中心存在原子核，这个原子核带正电，体积虽小但是质量很大，占有整个原子绝大部分的质量[①]。

　　这本书是关于语言发展的书，怎么突然谈起了科学话题？我在这里想要介绍的是科学工作者的思维方法。这种思维方法其实和儿童习得语言的思维方法有很大的共性。

[①]　这是著名的卢瑟福 α 粒子散射实验。不同的原子结构模型，原子内部电荷分布情况是不同的。例如正负粒子均匀混合的模型和正电粒子集中在中心、负电粒子在外围的模型，在空间形成的电场是不同的。卢瑟福用 α 粒子轰击金原子，电场不同，射击过去的 α 粒子散射的角度可能会不同。卢瑟福根据各种电场作用到 α 粒子上的力随着空间变化的函数 F(r)，去推算散射到每个角度 α 粒子的分布 P(θ)。于是，卢瑟福通过这个实验测定了散射的分布，反过来就可以推出原子所产生的电场分布，就能进一步反推原子里面的电荷分布情况。——译者注

　　所谓科学，就是去发现系统的结构和功能，把研究现象看作一个系统，找到构成系统的要素，探寻要素之间的关系，进一步探索这个系统整体是什么样的结构，具有什么样的功能。这个过程就和第五章介绍语言发展的过程是一样的。

　　科学发现的过程中不可或缺的是类推的思维和模型的使用。根据当下的研究目标，剥离不必要的要素，只保留关乎本质的核心要素。语言也是一样的情况，语言把各种各样的事物、动作、关系归纳为相同的范畴。每个范畴中都有很多事例，我们仿佛对这些事例的不同之处视而不见，仅关注对范畴很重要的部分，从而把其中的事例归为一类。就名词来讲，比如有"哺乳类""动物""生物"等不同的范畴，外观相似对构成一个范畴并不是很重要。就动词、形容词、方位词来讲，我们只关注特定的标准，通过外观相似之外的标准来构建范畴。

　　可以说，孩子在习得语言的时候就开始训练科学研究中不可或缺的思维方法。从很小的时候，儿童就开始习得语言，以此来发展思维能力。这种思维能力使科学家能用类推来建立模型和理论。我们可能会认为科学发现需要常人所不及的思维能力。其实，每个正在习得语言的孩子都是一位小科学家。语言是科学思维的重要基础。

第七章
写给读者的话

正如第六章所介绍的，语言是思维的工具。孩子通过习得语言来掌握未知的概念，培养抽象思维能力。语言也是交流的工具，语言让我们共享上一代的知识以及世界各地的信息。我们从别人那里获取知识，然后使用这些知识，而且还能创造出新的知识，和远处的朋友共享这种知识，甚至将知识传递给下一代。这种知识的循环是我们人类和其他动物的重要区别。

对人的理性而言，语言是不可或缺的。本书的目的就是让大家对儿童习得语言的过程有一个初步的了解。通过了解儿童语言发展的过程，让大家认识到平时司空见惯的语言现象中蕴含着深刻的原理。如果有人因此对语言学产生兴趣，我会十分高兴。

献给这本书所有的读者，包括中学生、高中生和大学生们。希望大家注意自己的言行。当你使用语言的时候，请仔细思考每个词的意思，并谨慎使用。

献给文科生。你是否因为自己是文科生，就认为已经精通自己的母语了。事实上，语言是一个非常复杂、多样、丰富的系统，其背后隐藏着复杂的结构值得你继续学习和探索。

献给理科生。我自己就是学理科的。你是不是认为你不需要学习语文，因为数学、物理比语文更重要。但是，语言是科学思考的基础。正如第六章所说的，语言对科学的思维方法起到了很重要的作用。

无论文理，对所有的人来说，语言不仅是一种思维工具，还是把自己发现的知识、构建的理论与他人分享的工具。从婴儿开始，人类就用语言把自己知道的信息传递给他人。人类有用语言把自己掌握的知识和他人共享的欲望。我认为这种欲望也源自人类的本能。

即便是世纪大发现，如果不能准确地传达给其他人，这个研究成果也会被误解甚至被埋没。向他人传递自己的知识，不管是科学知识还是工程学知识，都不是一件容易的事。尤其是科学术语，即便是同一领域的专家，也会对同一个术语有不同的理解，会以不同的方式使用它。如果不注意语言的使用，不在意其他的学者对语言的用法，仅仅按照自以为是的方式去使用科学术语，就会在意想不到的地方让人产生误解，甚至遭到批判。

献给正在养育孩子的父母们，以及教育从业者。并不是只有语文老师才需要强调语言的重要性，也不是只有语文老师才需要深入思考语言，培养学生的语言运用能力。我们用语言向所有的学习者（包括儿童）传达我们的知识。当然，这不是说，除了语言就没有别的方式可以交流。但是，即使是音乐和体育，在教学生技法和概念的时候，语言也是十分重要的。无论你教什么学科，正确地使用语言对优质的辅导是必不可少的。非语言学科的教学，如体育、音乐、艺术，恰恰需要更加敏锐的语感。有效地使用语言，需要大家对每个词的意思有深刻的理解。

最近，我看了一部奥地利纪录片《钢琴狂热》。主人公在音乐之都维也纳做一个乐队的钢琴调音师。其中一个场景是，一名法国钢琴家在录制一首巴赫的曲子。为了调出钢琴家所需要的独特的钢琴声，调音师必须拥有丰富的经验。钢琴家需要向调音师传达他对调音的需求，唯一的途径就是语言，因为不可能通过弹奏钢琴来展示自己想要的效果。如果钢琴已经有这个效果，那就不需要调音了。这部纪录片里，调音师和钢琴家的对话十分有趣，因为两位专家需要不断磨合才能对理想的声音达成一致。这部影片生动地说明了他们是如何创造出这个世界上独一无二的钢琴声的。这部电影让我想到，当两个或更多的人合作，创造一个还不存在的东西时，他们唯一能够依靠的工具就是语言了。

据报道，成年人和儿童说话的语言质量对儿童的数学以及其他科学能力的发展有重要的影响。一个美国研究小组以26个托儿所近200名4岁儿童为对象展开一项研究，同时还研究了班主任和孩子数学能力之间的关系。

　　老师们不给孩子们上数学课。研究人员只是研究"数学话语"的数量和质量。这里的"数学话语"指的是教师们说了多少数字和数量词，说了多少数学的基础概念。研究人员还考虑了老师们在儿童保育的其他方面的表现，包括用餐、游戏和体操的时间等。6个月后，研究人员统计分析了"数学话语"的质量和儿童数学能力之间有多大关系。结果显示，在考虑儿童父母的经济和教育背景，以及儿童的原始智商对数学能力的影响下，教师的"数学话语"对孩子的数学能力有显著的影响。这项研究的结果表明，孩子不仅在数学课上学习基本的数学概念，还在日常生活中学习。教育者的语言质量起着非常关键的作用。语言质量对儿童的重要性不局限于幼教和教育的环境，许多研究表明，我们在家里与孩子说话的方式和质量对他们的智力发展起着极其重要的作用。

　　这本书中，我们讨论了儿童如何靠自己的能力习得语言。儿童有一种天生的学习能力，这是任何超级计算机都无法比拟的。然而，儿童并不是自己一个人在学习语言，周围的大人的作用也十分重要。不过重要的是，要记住，大人的作用是帮助，而不是灌输。我们不可能把一个词的意思和用法灌输给孩子，而是要靠孩子自己去思考，自己去学习。大人能做的唯一的事情就是给孩子提供高质量的语言输入。

高质量的语言输入并不是说要给孩子看专业播音员录制的 DVD 或者电视节目。不管这些节目的质量多么高，由于缺乏面对面的直接互动，只是一个劲儿地输出，儿童都是无法学好语言的。在日常生活中，带着情感地、仔细地使用每个词和孩子对话，这就是高质量的语言输入。这实际上已经得到了科学的证实。

在这本书的最后，我还想说一件事：语言和语言习得的机制是科学研究的对象，有许多关于语言的好书，其中大部分是哲学家和语言学家写的。我非常喜欢哲学和语言学，并把它们作为研究的灵感来源。我的兴趣是从实证科学的角度，采用实验方法来研究儿童语言的发展过程，并从中思考语言是什么，以及语言对人类意味着什么。

　　具体地说，我是一名心理学和认知科学的研究人员。认知科学是一门了解人类的综合科学，它是一门全面的科学，帮助我们了解人类自己：我们如何思考、解决问题、作出决策、学习和记忆。它对人类思维的运作进行科学的研究，这些思维的过程我们无法用眼睛直接看到。语言是人类智慧的核心。了解习得语言和使用语言时大脑是如何工作的，可以更加科学地理解人类思维中记忆、思考和决策等重要模块。因此，我把重点放在"语言"上，用科学方法搞清楚习得语言的过程、使用语言的思维，以及大脑的机制和功能，并以此了解人类这种生物。我相信，有很多读者想要了解人类的心智。希望你对认知科学产生兴趣，并体验其中的乐趣。

　　我在撰写本书的过程中，受到各方人士的照顾。本书介绍的很多研究都是和针生悦子女士、冈田浩之先生一起做的，首先对他们表示感谢。我还想对庆应大学今井研究室的研究员、硕士生、本科生，一起做儿童语言实验的玉川大学儿童实验室的研究员以及工作人员，国内外的科研合作伙伴表示衷心的感谢。我还要对配合语言实验的婴儿、保育园的孩子们、孩子的家长们以及保育园的老师们致谢。

我想对筑摩书房的金子千里女士表示感谢，她耐心地鼓励和帮助我，也是她向我提出了出版这本书的想法。感谢安祐一郎先生、内田伸子女士给本书提出宝贵的意见。此外，我还要感谢秋田喜美女士、内山清子女士、冈田浩之先生，以及研究室的学生、研究员们。尤其要感谢的是安西先生，他多次阅读我的手稿，在我无法决定自己想写什么的时候，多次为我指明方向。他从内容到表达的各个方面给我提了很多尖锐、精确和详细的建议。当然，本书中的所有错误和不足之处都由我本人承担。

本书参考文献和推荐给读者的文献

（1）儿童语言误用用例的出处：

岩淵悦太郎・波多野完治・内藤寿七郎・切替一郎・時実利彦『ことばの誕生——うぶ声から五才まで』日本放送出版協会、一九六八年

朝日新聞出版編『あのね——子どものつぶやき』朝日文庫、二〇〇九年

朝日新聞出版編『ママ、あのね——子どものつぶやき』朝日文庫、二〇〇九年

会津美里町立本郷幼稚園・保育所編『ねえねえ あのね。』二〇〇七年

俵万智『ちいさな言葉』岩波書店、二〇一〇年

岡本夏木『子どもとことば』岩波新書、一九八二年

コルネイ・チュコフスキー（樹下節訳）『2歳から

5歳まで』理論社、一九九六年

（2）**海伦・凯勒相关的书：**

　　ヘレン・ケラー（小倉慶郎訳）『奇跡の人 ヘレン・ケラー自伝』新潮文庫、二〇〇四年

　　アン・サリバン（積恭子訳）『ヘレン・ケラーはどう教育されたか──サリバン先生の記録』明治図書出版、一九九五年

（3）**对语言感兴趣，想要知道更多的读者可以阅读以下书籍：**

　　池上嘉彦『ふしぎなことば　ことばのふしぎ』ちくまプリマーブックス、一九八七年

　　鈴木孝夫『ことばと文化』岩波新書、一九七三年

　　鈴木孝夫『日本語と外国語』岩波新書、一九〇九年

　　大野晋『大野晋の日本語相談』朝日新聞社、二〇〇二年

　　今井むつみ『ことばと思考』岩波新書、二〇一〇年

大津由紀雄編『ことばの宇宙への旅立ち(1)~(3)』ひつじ書房、二〇〇八~二〇一〇年

アンナ・ヴェジビッカ(小原雅俊・石井哲士朗・阿部優子訳)『アンナ先生の言語学入門』東京外国語大学出版会、二〇一一年

ジーン・エイチスン(今井邦彦訳)『ことば　始まりと進化謎のを解く』新曜社、一九九九年

ジーン・エイチソン(宮谷真人・酒井弘訳)『心のなかの言葉──心内辞書のへ招待』培風館、二〇一〇年

（4）本书中介绍的实验研究，想要更加详细地了解这些
　　实验的读者推荐阅读以下书籍：

今井むつみ『ことばの学習のパラドックス』共立出版、一九九七年

今井むつみ・針生悦子『レキシコンの構築──子どもはどのように語と概念を学んでいくのか』岩波書店、二〇〇七年

（5）想要了解认知心理学、认知科学的读者推荐阅读以下书籍：

安西祐一郎『心と脳——認知科学入門』岩波新書、二〇一一年

今井むつみ・野島久雄・岡田浩之『新・人が学ぶということ——認知学習論からの視点』北樹出版、二〇一二年

（6）想要了解婴儿的认知发育、动物的心智功能和演化的读者推荐阅读以下书籍：

玉川大学赤ちゃんラボ編『なるほど！赤ちゃん学——ここまでわかった赤ちゃんの不思議』新潮社、二〇一二年

開一夫『赤ちゃんの不思議』岩波新書、二〇一一年

ディヴィッド・プレマック、アン・プレマック（長谷川寿一監修、鈴木光太郎訳）『心の発生と進化——チンパンジー、赤ちゃん、ヒト』新曜社、二〇〇五年

　　マイケル・トマセロ (大堀壽夫・中澤恒子・西村
義樹・本多啓訳)『心とことばの起源を探る——文化
と認知』勁草書房、二〇〇六年

（7）本书所介绍的实验的出处：

　　今井むつみ・佐治伸郎 (2010)「ことばの意味を
「習得」するとは何を意味するのか——認知心理学か
らの言語発達理論への貢献」、遊佐典昭編『言語の可
能性 9　言語と哲学・心理学』朝倉書店 pp. 115—142

　　今井むつみ・佐治伸郎 (2010)「外国語学習研究へ
の認知心理学の貢献——語意と語彙の学習の本質をめ
ぐって」、市川伸一編『現代の認知心理学 5 発達と学
習』北大路書房 pp. 283—309

　　今井むつみ (1993)「外国語学習者の語彙学習にお
ける問題点——言葉の意味表象の見地から」『教育心理
学研究 41 』pp. 245—253

Bowerman, M. (1982). Reorganizational processes in
lexical and syntactic development. In E. Wanner & L. R.

Gleitman (Eds.), *Language acquisition: The state of the art* (pp. 319–346). Cambridge University Press.

Carey, S. (2009). *The origin of Concepts*. New York: Oxford University Press.

Davidoff, J. Davies, L, & Roberson, D. (1999). Color categories of a stoneage tribe. *Nature*, 398: 203–204.

Gordon, P. (2004). Numerical cognition without words: Evidence from Amazonia. *Science*, 306: 496–499.

Haun, D. M. B., Rapold, C. J., Call. J., Janzen, G. and Levinson, S. C. (2006). Cognitive cladistics and cultural override in Hominid spatial cognition. *Proceedings of National Academy of Sciences of the USA, 103*: 17568–17573.

Haryu, E. & Imai, M. (2002). Reorganizing the lexicon by learning a new word: Japanese children's interpretation of the meaning of a new word for a familiar artifact. *Child Development*, 73: 1378–1391.

Imai, M. & Gentner, D. (1997). A crosslinguistic study of early word meaning: universal ontology and linguistic influence. *Cognition*, 62: 169–200.

Imai, M., Gentner, D. & Uchida, N. (1994). Children's theories of word meanings: The role of shape similarity in early acquisition. *Cognitive Development*, 9: 45–75.

Imai, M. & Haryu, E. (2001). Learning proper nouns and common nouns without clues from syntax. *Child Development*, 72(3): 787–803.

Imai, M. Kita, S., Nagumo, M. & Okada, H. (2008). Sound symbolism facilitates early verb learning. *Cognition*, 109: 54–65.

Imai, M., Li. L., Harvu, E., Okada, H., Hirsh-Pasek, K., Golinkoff, R. & Shigematsu, J. (2008). Novel noun and verb learning in Chinese-, English-, and Japanese-speaking children. *Child Development*, 79: 979–1000.

Imai, M., & Mazuka, R. (2007). Revisiting language universals and linguistic relativity: Language-relative construal of individuation constrained by universal ontology. *Cognitive Science,* 31: 385–414.

Imai, M., Nakanish, T., Miyashita, H., Kidachi, Y. & Ishizaki, S. (1999). The meanings of FRONT/BACK/LEFT /RIGHT. 認知科學, 6(2): 207–225.

Imai, M., Saalbach, H., & Stern. E. (2010). Are Chinese and German children taxonomic. The matic or shape biased? Influence of classifiers and cultural contexts. *Frontiers in Psychology*, 1, 194. doi: 10. 3389/fpsyg2010. 00194.

Kantartzis, K., Imai, M. & Kita, S. (2011). Japanese sound symbolism facilitates word learning in English speaking children. *Cognitive Science*, 35: 575–586.

Klibanoff, R., Levine, S. C., Huttenlocher, J., Vasilyeva, M. & Hedges, L. V. (2006). Preschool Children's Mathematical Knowledge: The Effect of Teacher "Math Talk." *Developmental Psychology*, 42: 59–69.

Saji, N., Imai, M., Saalbach, H., Zhang, Y., Shu, H., & Okada, H. (2011). Word learning does not end at fast-mapping: Evolution of verb meanings through reorganization of an entire semantic domain. *Cognition*, 118: 45–61.

Spaepen, E., Coppola, M., Spelke, E., Carey, S., & Goldin-Meadow, S. (2010). Number without a language model. *Proceedings of National Academy of Sciences*, 108：3163–3168.

译后记

我的儿子叫瞻宝，今年三岁半，他是一个自带喜感的男孩，经常用幽默的语气说出让人忍俊不禁的话来。由于和爷爷、奶奶相处的时间比较长，他学了一口流利的宜兴话。他的宜兴话里充斥着六七十岁的宜兴老人才会使用的说法，配上清脆的童声和幼稚的内容，有一种奇特的"反差萌"。在陪伴他的过程中，我时常惊叹于孩子的语言创造力。

我给瞻宝吃纳豆，事先需要把酱油包、芥末包倒在盒子里搅拌。看到有好吃的东西，瞻宝立刻围了上来，兴奋地说："纳豆用酱油炒一炒才好吃。"瞻宝知道纳豆的吃法，他所说的"炒"并不是真的把纳豆倒在锅里用油炒，而是"搅拌"的意思。听到这个说法，我突然意识到"搅拌"和"翻炒"好像动作上确实有相似之处！

大概是每天看奶奶做饭，就学会了"炒"这个词，但是他还不知道"搅拌"这个动作怎么说，就将"炒"这个词"灵活运用"了。

等我把酱油、芥末和纳豆拌匀给他吃的时候，他大声喊："纳丝！纳丝！"我不知道他在说什么，几秒后才反应过来。纳豆是黄豆发酵制成的，搅拌过后是黏糊糊的，喂给他吃一勺之后，勺子上粘着很多纳豆黏液的细丝。汉语里大概没有专门的一个词来指称这种细丝。瞻宝独创了"纳丝"这个词。我故意问他："什么是纳丝？"他说："纳豆的丝就是纳丝。"

就这样，我时不时会从孩子口中听到一些新奇的词语，渐渐也就开始关注孩子的语言表现。有一天，上海教育出版社的毛浩编辑联系我翻译这本书。读了日文版之后，毫不犹豫就答应下来，因为我从这本书中找到了很多问题的答案，瞻宝不少有趣的语言表达甚至可以和书中的内容对应起来。

语言学有很多方向，我专攻的方向是地理语言学、语言变异与演变。在阅读这本书之前，我对儿童语言习得的研究比较少。之所以翻译这本书，主要是以下几个原因。首先，这是一本深入浅出的好书，相信读完这本书的大部分读者会同意这一点。其实，这本书要谈的内容十分专业，涉及儿童语言习得、认知科学的很多知识，但是作者用一个个生动的例子、海伦·凯勒家喻户晓的故事、代入感极强的实验，巧妙地化解了内容的"晦涩"，让人读起来津津有味。

其次，我从这本书里学到了很多有趣的知识，就很想把这些知识介绍给大家，正所谓"独乐乐不如众乐乐"。虽然不少知识，我在早先学习"语言学概论"等课程时已经知道，但是儿童语言习得给了另一种视角。国内高校中文系和外文系开设的语言学概论课，很少会从儿童语言习得的角度来讲授基本概念。所以，我推荐中文系、外文系的本科生、研究生，以及广大的语言学爱好者阅读这本书，这本书可以加深大家对语言的理解。

再次，我觉得我有责任翻译一些日文学术书籍。也许是我孤陋寡闻，近年来出版的学术译作大多数都译自英文。这不奇怪，因为英语是最主要的国际学术语言。可是，能读懂英文的学者和学生不在少数，能读懂其他文字的学者就比较少。这样一来，日本、德国、法国学者用本国语言撰写的优秀作品，我们就只能与之擦肩而过，这真的很遗憾。

我绝对不是翻译这本书的最佳人选。如果从最严格的翻译条件来筛选译者，需要译者专攻儿童语言习得，精通日文，有良好的汉语表达能力，且有一定的翻译经验和强烈的翻译意愿。完全满足以上要求的国内学者估计不多。与其让真知长眠于他国文字之下，不如先不去求全责备，姑且以自己有限的学养和能力，将好的作品翻译为中文，以飨读者。

很多人存在一个误解。日本历史上深受中国文化熏陶，日语里有大量汉语借词，又使用汉字，所以不会日文的人读日文书，仅仅看其中的汉字就能看懂大半，所以翻译日文书不是很难。恰恰相反，我觉得日本人的思维方式、表达方式和中国人差别很大。日本人在写作的时候，有细腻地展示自己心路历程的习惯，也喜欢不断地设问和反问，时而像是跟读者互动，时而像是在自言自语。如何尽可能地保留原作者原汁原味的表达习惯，让人读出这是日本学者的文字，同时又让中国读者没有违和感，这对我来讲是一大考验。这本书里有大量的篇幅讨论十分抽象的语义概念和认知过程，翻译这些内容也是一大挑战。

感谢本书的作者今井睦美先生，感谢她给包括我在内的中国读者带来一场知识盛宴。感谢上海教育出版社的毛浩编辑促成中文版的出版。本人才疏学浅，能力有限，加上儿童语言习得并非本人的专攻方向，翻译的过程中难免出现疏漏和不足，还请方家多多包涵。

我希望您在您的孩子身上做一做书中的小实验，"养娃千日，用娃一时"，相信您一定会享受其中。最后，我衷心祝愿小朋友们健康快乐地成长！

黄　河

写于夏阳湖畔

2022 年 2 月 21 日